人生有多殘酷，你就該有多堅強

28則教你不隱忍、不迷惘，正面迎擊人生的處世指南

慕顏歌——著

台灣版序——

你給世界什麼樣的姿態，世界就還你什麼樣的人生

每當我們說起人生，都喜歡談理想，因古語云：「求其上者得中，求其中者得下。」就好比同學畢業考上了公務員，酒桌上聊人生，他說這輩子的目標就定市長了，因為這樣即使做不成市長也能混個局長當當。

然而，人生真正的殘酷是：看上去兩三步的距離，也許一輩子都走不到。而生活的迷人之處恰巧反過來：一輩子都走不到的距離，卻給人一種看上去兩三步就能到的錯覺。

我想，每個小孩都有過看到月亮離自己很近很近、似乎爬上屋頂就能搆著的時候，等有一天他知道月亮離他有多遠的時候，他就長大了。那時他從名校畢業，在公司拿著幾千元的工資，而老家親戚打死也不肯相信，當年的高考狀元竟然既沒有進政府機關，也沒有進外企，掙錢還沒有在工地當電焊工的二狗多。

我們都在歲月長河中跋涉，每個人都有每個人的經歷和故事，開心的也好，不開心的也罷，生活就是做選擇。一旦做了選擇，你就必須活在你的決定中。

我在網上給人做心理諮詢的時候，認識了這樣的一個朋友，他患有嚴重的抑鬱症。雖然之前有接觸過這樣的病症，但是真聽到他描述自己那段經歷的時候，還是很吃驚。

那天下午，我們坐在咖啡廳裡，他慢斯條理地說著自己的患病過程、狀態和為了治療所遭受的身心折磨。從他的言語中我甚至可以想像他所經歷的那些畫面：經常性出現幻覺，有時好幾天連續失眠，父母天天都以淚洗面，為了治療在醫院一點一點把自己可怕心理經歷抽絲剝繭的告訴大夫，甚至為了控制大腦的想法去做電擊治療。這種痛苦，身為旁聽者的我都聽得心驚肉跳，可朋友在說的時候，臉上並沒有我預想的脆弱和驚恐，相反，是一臉讓我覺得詫異的平靜。

他在交流中卻表現出了讓人敬佩的樂觀，彷彿正是因為遭遇過痛苦，讓他看清了周圍人對自己的關愛——患病期間父母形影不離的陪伴，朋友全部接受了他的病情，並替他保守秘密。這一切讓他如獲新生，對待生活的態度更平和了。

他說，跟電擊治療的痛苦相比，眼前所有的困難都不值一提了。說這話的時候，我看到他的眼中帶著光。因為他也懂得了生命中那些美好的東西也會在痛苦中孕育，而活著就是為了讓痛苦變得不值一提，所以他不僅要活下去，而且要好好地活下去。

生命很軟，世界很硬，那麼你可以用柔軟將那些堅硬的沙粒包裹住，讓那些隱秘的傷成為自己生活的一部分，直到有一天，時間將它們孕育成珍珠。

面對殘酷的人生，人人都有屬於自己的堅強。

坐在他對面的我，突然也覺得充滿悔悟，而之前生活中很多看似要命的痛苦，簡直就是無病呻吟。比如寫作這件事，我沒沒無聞地堅持了很多年，在QQ空間、在網路平臺等很多地方寫，其間使用過的筆名或自稱也很多，但一直沒沒無聞。

直到我用慕顏歌的筆名出版的一本書《你的善良必須有點鋒芒》暢銷起來之後，才有人開始知道有我這樣一位作者。結果，他們去網上搜索，卻發現關於我的報導和消息非常少。

而我寫作，多多少少也有將它當作療癒自己的一種方式。我寫的一些文字取材於生活經歷，也有來自童年的感受。確實，原生家庭給一個人的烙印是無法抹去的，特別是那些曾經給過我傷害或感動的過往，都是我書寫的動力和素材，也是給自己一個答案或者慰藉。

所以，躲在文字背後的我，要比在人前的我，更自在自得。

現在出版的這本書，大部分內容的寫作時間要追溯到二〇一四年了。現在的我，生活已經發生一些變化，心境不比當初，再回過頭來看當初寫的文章，只能說還能從中感覺自己當初的真誠，我如實記錄了個人成長的一段時光，也許其中還有一些讓人不舒服的或太沉重的部分，但不舒服和沉重也許是讀者們乃至於我自己生活中的原始面目。

所以這本小書能為大家提供的正是一種個體的、個性的經歷講述，但我想人類都有共同的幼態，正因如此，我當初的寫作恰可以給讀者提供一點微小個體對世界的思辨與認知；於一些人而言，也能多一個角度觀察我們的生活與世界。如果對一些讀者而言，能有讓他們感覺不孤單的作用，我也就非常欣喜而慰藉了。

感謝臺灣讀者對我的支持。想對大家說的話，書中已經有很多。如果是在當下我想對大家說些什麼，我想說：

你的路，無人可替你走。總有些事，管你願不願意，它都要發生，你只能接受；總有些東西，管你躲不躲避，它都要來臨，你只能面對。你給世界一個什麼樣的姿態，世界就還你一個什麼樣的人生。

一個人且行且止，且思且想，我們是自己的導演，也是唯一主角，生活的歸途不在於我們身在何處，而在於我們心往何方。而我們唯一能做的就是努力演好這場戲。

如果遇到困難，請告訴自己，不管什麼事情到最後都會好起來的。你給生活意境，生活就會給你風景。

如果你覺得自己還不夠好，請告訴自己，你一定行的，只是現在還差那麼一點點。祝願大家都能尋到屬於自己的那份堅強與美好。

慕颜歌

目錄

PART 1

你看見的世界
也許和你期盼的完全相反

PART 2

不逼自己一把，就不知道自己有多優秀

PART 3

請在哭泣後，接受這個你無法改變的世界

PART 4

選擇依賴或是獨立的，永遠只能是你自己

PART 5

把眼淚留給最疼你的人，微笑留給傷你最深的人

PART — 1

你看見的世界
也許和你期盼的完全相反

如果我們熱愛生命，
如果我們有足夠的福慧去發現去感知，
總有一天，
我們會感謝那些生命中的苦難。

生命的百孔千瘡，是殘忍的慈悲

我偉大的造化之主，你為什麼不能只給我歡樂，免卻我一切憂苦？

好久不曾讀詞了，愛過它很久，也厭倦過它很久，最後復歸於不再留意。愛讀詞時因為它能表情達意；厭倦時是因為詞中總是有一種小情調；不再留意時是因為詞雖然滿是小情調，道的也是人生常情。雖然不必刻意拒之，但多年也不曾再讀。平素總聽說辛棄疾的詞極好，卻總也不願去鈎沉，這日不經意重見了他的〈醜奴兒・書博山道中壁〉，大覺驚豔：寥寥數語道盡人生百味，他竟把愁苦寫出了極致的境界！

少年不識愁滋味，愛上層樓。愛上層樓，為賦新詞強說愁。

而今識盡愁滋味，欲說還休。欲說還休，卻道天涼好個秋！

如果苦難不能給我們帶來幸福，那麼，造物主定然不會給予我們那麼多的苦難。

如果孫悟空未曾經歷過五百年被壓五行山下和九九八十一難，恐怕也很難脫卻肉身的欲望枷鎖，在緊箍咒裡永劫不復。唯一可惜的是，只有少數人在苦難與艱辛中得到了成長與昇華，而更多的人卻墮向了報復、抱怨、憤恨與沉淪。

因有了牽念不斷的恩仇愛恨，才有了無限的歡笑悲憂。如果沒有牽絆掛礙，又何來榮辱喜哀的執念之苦？所以《般若波羅蜜多心經》才說：「心無掛礙，無掛礙故無有恐怖。」

原來的我，心裡有滿滿的恐懼，放不下過去，又擔憂未來，不知道心只活在過去已去、未來沒來的當下；忽略了過去不可能重來，未來永遠只會在變成過去的當下中流逝。所以很多時候，過去成了我的愧怍或嚮往，未來又成了我的嚮往或焦慮，而當下——這恰恰是某一過去的未來，這一事實卻被選擇性地遺忘了，生命本身最珍貴的擁有，也被這樣毫不留神地忽略了。

昔時的我常常想，生命是一種多麼可憐的存在啊！短短的一輩子，要承載的卻是你我都不堪忍受的卻又無處不在的苦！無怪佛說，苦才是人生。我心中盛的是滿滿的憂傷，所以曾喜歡憂傷的詞、傷感的詩。人同此心，心同此理，如果不是大家同氣相求，詩與歌又焉有存在的可能？尋愁覓恨的林妹妹又怎麼有被廣大女性喜歡的可能？

但凡有些文化情懷的人，很少有不喜歡詞的，因為那一闋闋的低吟淺唱，訴說的都是脈脈衷情。而在詞中，最多見亦最討喜的，莫過於說「愁」了。但無論是相思愁，還是際遇愁，道的都是人生多難、生活多艱。所以，初見張愛玲「生命是一襲華美的袍，爬滿了蝨子」的句子時，我頗感驚豔，只覺道盡了人生一世的遺憾。那時的我淺薄地以為，愁苦即是生命本身，苦難即是生命本身。所以，縱使見到有境遇勝我無數倍的人，我仍會覺得，物質的擁有，無法保證他不為環境怒，不被意氣傷。即使他擁有富貴榮華，也逃不過喜怒悲憂——能勝我幾何？同樣是莫名其妙地來，再無可奈何地去，同樣是身不由己罷了。

多年以後我才明白，「生命是一襲華美的袍，爬滿了蝨子」，那只不過是一個哀怨女子對生命感受的片面詮釋。這一詮釋，既不能詮釋生命本身，也無法詮釋個人對生命的體驗，頂多在恰逢哀傷的時候，可以引起我們的共鳴罷了。張愛玲當然可以認為生命是一襲爬滿了蝨子的華美之袍，正如胡蘭成也可以認為生命之美恰在於世界可能在滿目戰爭的瘡痍時，依然有鮮黃的花兒生機勃勃地在路邊開放一樣。傷與美，總是同時存在的，唯一的不同，是我們是看見了傷中的美，還是看見了美中的傷。

人生飄浮不定，理智與情感任誰都無法平衡。情與欲該如何收放，只有經過風、沐過雨的人才可明瞭。唯有刻骨銘心的疼痛，唯有終生難忘的苦難，才能讓我們停下忙碌的腳步，去體驗屬於自己的看似平淡卻絕不平凡的幸福。

我小的時候，由於家裡窮，所以那時覺得能吃飽飯是件多麼幸福的事啊！後來，我吃飽了飯，可是幸福沒有多久又重新陷入了其他痛苦中：

荳蔻年華時，我以為，要有一個願意與我真心相伴的戀人該是一件多麼幸福的事啊！後來我遇上了這樣一個人，但依然沒能幸福多久。那時的我把所有的不幸福，都歸因於我外貌平凡、家裡太窮。我看不到悲傷的盡頭，也道不出憂愁的滋味，常常獨自一人在深夜涕泣如雨。如果沒有經歷過幾度苦痛掙扎，我想我到現在也是執迷不悟的。

直到有一次，我騎著自行車下班時搶最後幾秒綠燈，路上明明沒有什麼車，卻不料就在快到馬路對面時，一輛摩托車呼嘯而過，把騎著自行車飛馳的我撞飛了起來！自行車被撞出二十多公尺外，我也在飛了七八公尺遠後，一屁股坐在地上。也許真是我命大，那天我恰好背了一個大背包，裡面裝有衣服之類的東西，我跌下來時，恰坐在了背包上。但頭仍舊被磕暈了，半天才站起來，緩過神來後才發現手磨了一大塊皮，膝蓋痛得厲害。那一對騎摩托車的小情侶也狠狠地摔了一跤，卻也沒有大礙。然後我們相互說了幾聲沒事後，就各自推著車走了。

我一邊推著幾近報廢的小破車一邊想，自己撞成這樣居然都沒死，看來明天還得上班；又一想，幸好沒事，不然明天就上不了班了！然後想到真有三長兩短的話，媽媽會傷心會哭泣、會茶飯不思等一連串的哀傷後果之後，我開始慶幸自己沒死也沒出什麼大事。那天竟然異乎尋常地開心——在被撞得差點丟命之後。

人對死亡的恐懼比死亡本身更可怕，這次車禍讓我多少放下了些對人生的恐懼。因為，我感覺到如果即使真的在事故中死亡，也沒有想像中那般痛——從我先是暈眩，起來後才覺得痛這點可以證明。

劫後餘生的我甚至覺得命運對我是如此眷顧——車都散了，我飛那麼高、那麼遠摔下來，居然只是受了點兒輕傷，老天實在對我太好——災難中才知道自己對幸運的要求是如此之低啊！

但這次喜悅沒有持續多久，我又陷回那些細碎綿長的哀愁裡了。那時的我不明白，對別人輕易抱有期望和幻想，也是一種期待不勞而獲的妄想。總是在對別人的期待落空後，發現自己為他人活得極其痛苦——雖然這樣的痛苦是自從我懂事起就無法完全消除的，但逃避了這種痛苦的結果是，它帶來了一連串連綿的絕望。

有時禁不住會想，人有時太賤了！最痛苦的體驗竟然會讓人感覺到痛苦的幸福！如果不是這一連串的絕望外加一次讓我兩三個月行動都不能自如的手術，我大約還會淪陷在那些瑣碎的痛苦中不能自拔。

做完那個全身麻醉的中型手術，醒來後，我唯一的感覺是：太痛了！那種痛似乎蔓延到全身的每條神經中，我連笑一笑都痛，不，我連呼吸一下都痛得椎心！只有經歷過的人才會懂得，此時的痛是最費力氣的事，我需要用全身的力氣，去承擔那種無以言說的感覺，有一陣痛得都覺得無力再痛了，很想就那麼死去。

我淚水潸潸地請求醫生再給我一劑麻藥，但無論我用什麼方法，無論我承諾多給多少錢，醫生都只有一句話：「痛有利於傷口恢復，不能再打麻藥。」

那時只有在筋疲力盡後，才能睡去，然後，又在痛裡醒來。在那段時間裡，我萬般懷念我可以自由支配身體的日子。原來自己曾經可以自由地下床，可以自由地哭笑，可以自由地舒展肢體，可是，在我又自由又舒服的時候，我卻讓自己痛苦得生不如死啊……

我在床上躺了一週多，導尿管也插了一週多，自然無法翻身；也不敢說話，因為一說話就會加劇本已很劇烈的痛；大多數時候，我都閉著眼，因為這樣可以少眨眼少牽扯力氣，少加重傷口的痛——那時我唯一能動的就是腦子了。

從那次手術以後，我認識了一些看似平凡卻是最重要的東西，比如平安，比如健康。是啊！人生在世，有平安有健康，即是最大的幸福了，我卻天天因為這個要求那個願望沒實現而痛苦，因為別人沒有這樣那樣做而煩心，我這是在幹什麼？每天活得那麼計較，想得那麼多，想得那麼遠，好像能永遠活下去似的！其實，我連明天的太陽能不能看見都不能保證……

也因為經過了這一次手術，我逐漸學會了仔細體悟得與失，學會了思考時間加諸於我們的苦樂悲歡：

我偉大的造化之主，你為什麼不能只給我歡樂，免卻我一切憂苦？

你為什麼讓我來到這個世間，然後把我傷得百孔千瘡？

你賦予我生的慈悲，我無比感恩；你賦予我傷的殘忍，叫我如何去解脫？

賦予我生，卻強加我死，既是如此，又何必讓我在紅塵千磨萬難，歷盡劫殤？

你怎忍我捧自己的人生於手，眼睜睜地看著它在妖嬈初綻後淪為眾念皆寂一土山？

如若有得選擇，不如不來，不如歸去。我不知誰使我成為我，誰使我有了生，更不知如何面對每一期生命都必然會遭遇的結果：死亡。好些日子裡，我滿腦子都是孔子的話：「未知生，焉知死？」是啊，連生的問題都看不透，又如何能明瞭死亡對於人生的意義？

我不知為何痛苦總是如影隨形？任何得失為何都會激起我強烈的喜怒悲憂？為什麼別人一個眼神、一句無心之言，我的內心就能起伏千遍萬遍？每天的情緒像雲霄飛車一樣起伏？心有千千結真是苦不堪言！

於是我上下求索，廣求眾法，只求找到一種能解釋生命困惑的方法。雖然我早就知道，所有的痛苦，都是追求不到的痛苦：得不到紅顏如玉，得不到富可敵國，得不到青春不老，得不到與情人從肌豐骨潤相伴到雞皮鶴髮，得不到稱心如意遠離災禍……大道理是早就知曉了，但是，我不甘心僅用輕飄飄的一句「放下」來打發我累劫的苦難。我終究不甘心，發誓要將生命的真相探究到底。

多年風雨歷程兼百轉千回後，如今的我不敢說探究到了生命的真相，但此時的我，確實已經走出了有情眾生人皆有之的心靈困境。

原來，多年的執著與不甘心，都只不過是我不願意接受這樣一個真相：一切的一切，因為有了變化（無常），有了因緣（條件）的聚散離合，才有了這多姿多彩。

我們的肉身，不過是有限制條件的肉身，條件具備時，它便會產生，逐漸長大，並走過一場生命歷程。而條件發生變化後，肉身不再具備自主行事的能力時，它便如露如電、如夢幻泡影般完成能量與物質的重新組合。而我們所擁有的意識系統，也不過只是一種存在，或許，那就像電腦的軟體——當硬體不運作時，軟體也不會在這臺電腦上發揮作用了。而失去這個軟體，並不完全意味著電腦本身不存在了，它不過是隨著時代的變遷，或升級，或終遭淘汰，如此而已。

原來，多年的執著與不甘心，都只不過是我不接受時間與變化的力量，不接受自己只是宇宙大變化中的一小部分。我渴望歲月靜好、生活安穩，但忘記了自己無非只是渺茫宇宙中不可計數的變化中的一個小點罷了，在每一個瞬間裡都有可能產生某種改變，包括成長，包括老去，包括禍福，也包括生死別離。

生死別離既然這麼尋常，尋常到每個人都會遇到，每個事件都可能造成，那麼，我們唯有把握好當下，在擁有的時候，多多珍惜眼前之人；因為感情，不是失去後才拿來珍惜。

如果你怨嘆，已經再也回不到那些錯過的時光，再也找不回那些逝去的美好了，那也不必長吁短嘆，終日沉溺於感慨心傷中。因為即便如此，我們還可以擁有另一種生命的珍貴，那就是對苦樂悲憂的體驗，以及經歷後的徹悟。

有人說，最困難而又最幸福的事，就是在自己遭受痛苦時、在遭受無辜的痛苦時，愛這個生命。年紀越長，閱歷越增，越能體悟苦難對於生命的意義。從有生命那刻起，我們就在經歷最實在的生命真相，在不斷得到，不斷失去——往往得到之時，亦是失去之時。只是我們未曾留心：瓜熟蒂落的背後，是姹紫嫣紅的嬌花的枯萎；一輪豔陽的皎皎兮出朝霞，是宸極所在的北宇之星的消茫。所謂得失，即是此失彼得，此得彼失；所謂生死，即是此生彼死，此死彼生……

我終於明白，生命的百孔千瘡是殘忍的慈悲。

雖然生命中有著你我都不願面對的痛苦，有著無可迴避的失望，但是，活著本身就是一件了不起的存在，尤其在稱、譏、毀、譽、利、衰、苦、樂這八種情態之中。在經歷了無數苦難掙扎之後，我不僅不會怨恨命運加諸於我的種種不幸，相反，我對那些特殊的苦難，充滿了感恩。

是苦難，讓我發現自身的需求其實很有限，內心的自我完善才是快樂之源。

是苦難，讓我懂得有很多幸福早就已經擁有，而我雖然錯過了一段享用的時光，但依然未嫌太遲，還來得及去珍惜。

也是苦難，讓我知曉，當別無所欲時，我竟然擁有了內心的篤定。這種不以物喜、不以己悲的篤定，使得我學會了堅守自己真正需要的，而那些與自己的堅守無關的東西，我將不再在意。

我感恩過去的苦難，亦會坦然面對未來或許會遇上的苦難。因為我相信，任何苦難，都是靈魂的良師，它只是以一種獨特的方式在指引我繼續奔向遠方。

或許，而今的我，可以算是懂得了一些愁的滋味；但這滋味，卻不是苦，而是理解，是通達後的不再抱怨，是可以靜靜欣賞天涼之秋的釋懷與淡然。那種欲說還休，終究已經不是過去的愁苦，而是歷盡滄桑見真知後的看開和放下——似乎有很多道理可說，又似乎一言難盡，況且說與不說，本身也是不重要的，所以，你只要懂得了欣賞四季的美好，便是看透了解愁苦的真正滋味了。

不懂時，愁是惶恐，是不識；懂時，是盡識，是理解；是沒什麼好說的，只能說：天氣總算涼了下來，秋天真是不錯啊！或許，這恰是那三重境界的宋詞版，從「看山是山，看水是水」，到「看山不是山，看水不是水」，再到「看山還是山，看水還是水」的清明澄澈。

當然，短暫的覺悟並不能立刻讓一個人糾正自己錯誤的價值觀，但是一絲覺悟加上對生活的一點體悟，可以讓心智模式中的錯誤程式有了修正的機會。

如果我們熱愛生命，如果我們有足夠的福慧去發現、去感知，總有一天，我們會感謝那些生命中的苦難。

心不怨恨則寬容，心存善良則美好

你未看此花時，此花與汝心同歸於寂；你來看此花時，則此花顏色一時明白起來，便知此花不在你的心外。

——王守仁

一個禪修者說，禪修的最大妙處，是放空自己，體悟內心最真實的煎熬與掙扎。熬得過這種體味則可收束妄念，內心慢慢走向平和；熬不過則欲瘋欲狂，修還不如不修。

一個禪修班規定：在禪修的十天裡，禪修者每天要靜坐八小時。這八小時裡，不可以東張西望，不可以與同修隨意交流，不可以走來走去，連喝水次數也有限制，他們只能在自己的位置上靜坐。大家都感覺這樣的規定很新鮮，一些想在禪修過程裡解脫苦惱的人則覺得這十天總算可以遠離塵世喧囂，清靜清靜了。

在第一天的第一個小時裡，大家都感覺到了難得的安靜，生發出一種久違的喜悅。但第二個小時，就有人開始感覺無聊了，盤坐的雙腳也開始發麻。痛苦的時間總是過得那麼慢——所以一分鐘有多長，就看你尿急的時候是在廁所裡還是在廁所外——不能觀察別人，不能與別人交流，與世界發生關係的各種可能被強行中斷，於是一些人開始後悔：傻坐在這裡幹嘛啊？早知道不來了！一旦感覺到無聊，各種妄心、怨心、嗔恨心便都上來了。是的，禪修的「可怕」之處在於資訊的匱乏與單一，既接觸不到任何外界資訊，也沒辦法向外界發送任何資訊，而且不許胡思亂想，只能做一件事，就是體會自己的呼吸。如此連續地讓人處於單調的資訊狀態下，沒幾個人受得了。

充分接收資訊，是我們最為重要的本能之一。我們對外界欠缺絕對掌控力，接收充分的資訊則可以幫助我們進行判斷，做出最好的選擇，如此才能加強我們的相對控制力。由於充分接收資訊是我們的本能，而資訊的接收又只能依靠我們的感受，所以，我們最害怕的一件事就是失去感覺。這一點從一個很有爭議的「感覺剝奪」的心理學實驗裡可以得到印證。

二〇〇八年，倫敦聖喬治醫院精神創傷心理科的心理學家伊恩·羅賓斯教授組織了一次感覺剝奪實驗。實驗是在一個被廢棄的核掩體中進行的，該掩體位於地下三十公尺深處。整個地下核掩體只有一個入口，入口處還裝有半公尺厚的金屬門。羅賓斯教授之所以把實驗場地選在這兒，是因為這裡足夠安靜，足夠黑暗，足夠讓人與外界斷開一切聯繫。

有六名志願者參加了這一次的實驗。實驗者分為兩組，每組兩男一女。其中一組被完全隔離，待在黑暗的隔離房中，沒有聽覺刺激，沒有視覺刺激；另外一組被部分隔離，戴上護目鏡和泡沫箍袖帶，待在有刺耳噪音的環境中。

實驗者之一是喜劇演員亞當．布魯姆，他接受了「單獨監禁」的實驗。他被分到了一個裝有監視器的絕對靜音的黑屋子裡，在那兒要待上整整兩天。

剛開始，亞當．布魯姆想得很輕鬆，他說：「我總是比較忙，腦子裡總是要想各種事情。這次實驗只有四十八小時而已，不太長，我相信我完全沒有問題。」

當門被「砰」的一聲關上後，這個不到十平方公尺的小房間立刻陷入了黑暗與寂靜中。那一瞬間，一種莫名的恐懼感突然襲上亞當．布魯姆的心頭。

剛開始的三十分鐘，他不停地說話、唱歌，但是不久後就覺得無比焦慮。他坐在床上，目不轉睛地盯著前方，開始漫天回憶自己過去曾經做過的事，甚至開始胡思亂想，擔心起家人是否安全。

幾個小時後，亞當・布魯姆決定乾脆睡一大覺。一覺睡醒之後，他發現完全失去了時間觀念——完全看不見光，也沒有任何可以提示的時間資訊。他不知道自己睡了多久，也不知道自己待了多久，其實此時離他進入實驗室才不過八個小時，但他的心理狀態出現了嚴重的問題。後來他回憶說：「當時，我感覺情緒漸漸失去控制，我開始懷疑整個實驗都是一場騙局。我胡思亂想，如果外面的人都走了，我是不是要被永遠關在這個黑暗的地方？儘管我知道這些想法荒謬可笑，但是我就是沒法停止自己的胡思亂想。」

一天之後，由於大腦得不到任何資訊的刺激，亞當・布魯姆的注意力開始渙散，他的思維也遲鈍起來。他在小房間中不停地走來走去，心理瀕臨崩潰的邊緣。又過去了十個小時，亞當・布魯姆開始產生幻覺，他似乎看到自己的眼前有一大堆牡蠣殼，牡蠣殼上發出珍珠般的柔和光芒。隨後，他又感覺整個房間都飛了起來。

四十八小時後，亞當・布魯姆終於走出了房間。而隨後的測試中，實驗人員發現他的記憶力下降了百分之三十六，大腦處理資訊的能力受到了損傷。

另一個自願參加實驗的女博士克雷爾則說：「實驗中，我開始忘記了這個世界上是不是還有其他人，甚至不確定自己是否還活著。」

這個實驗說明了我們需要以各種資訊做為自身的參照，在對外界的感受中，才能確定自己的存在感。

這讓我想起了薩特的戲劇《禁閉》：一男兩女三個鬼魂聚集在一間古老的有門無窗的客廳中，這裡永遠亮著燈，家具只有硬邦邦的躺椅，由於沒有鏡子，看不到自己，只能通過他人來確定自己現在的樣子；雖然他們三個人總在為自己辯護，但在他人的觀察中逐漸顯現本來面目：一個是虐待狂，一個是蕩婦，一個則是變態狂。

由此可見，通過對外界的感受，我們才能夠獲得來自周圍環境的資訊，才能適應環境並得以生存。當然，這並不是說，只要我們有感受，就能確定自己的存在，我們還必須能分辨這些感受，在自己認識能力的基礎上就這些感受去思考每件事的苦樂與利害關係，苦者避之，樂者趨之。

由於對資訊的判斷與選擇成為我們擁有相對掌控力的唯一來源，所以，資訊的獲取能力與加工能力也成了安全感的決定性條件——這就是為什麼我們喜歡盡可能地感受，盡可能想多知道點什麼，盡可能地多看出點什麼。

富可敵國或權傾天下所帶來的，是種不同尋常的感受；山珍海味或傾城絕色所帶給我們的，也是來自舌尖抑或更複雜的整體感受，這些感受可以稱之為對種種欲望的追求。

這本是人類的本性，無論是愛的欲望、權力的欲望、美食的欲望、求知的欲望乃至精神的欲望，都可成為督促我們前進的動力。但我們自身的生命與精力是有限的，而欲望卻是無限的。如果錯誤地把追求某種感受當成你人生的全部追求，比如過分追求物質，過分渴望得到他人的認可等，便會使得短短的生命承擔上不堪重負的悲憂。

我相信所有人都渴望得到快樂，只是很多人把原本屬於快樂的那部分時光，揮霍在給自己造成痛苦的外部追求上。其實，幸福是內心世界的一種感知，與外界的物質多少沒多大關係。富可敵國如何？為子孫的不肖操碎了心的富翁比比皆是。權傾天下又如何？「願後身世世勿復生天王家」固然是亡國之君的哀嘆，眼見一群兒子為爭奪儲位鬧得你死我活，跪地痛哭的那位盛世皇帝也不見得還有心情再活五百年。外部物質的得與失終歸於幻滅，拋棄不了對某種感覺的片面執念，則無法真正感知到生命的美好。

其實，對每個人來說，其他人都是過客。風雨兼程中，我們只走過了自己的路，我們也只能走自己的路，因此，最懂我們的人，是自己。有法無法，有相無相，如人飲水，冷暖自知。誰說世俗的幸福標準，不會成為我們幸福的枷鎖呢？

既然感受是我們每個人的大事，「吾心之良知」就是所謂的天理，我們無法，也不必做到心如止水，那麼我們何不平衡內在感受與外部的感知，並增強自己的內心調適力？如此才可超脫滾滾紅塵的這一場劫殤。

雖然痛苦和快樂本身並無高下之分，都是對生命的虔誠探究，但我相信，更多的人希望自己過得更快樂，而快樂，則需要借重於滿足內心的渴望而滋生。人的追求永無止境，對理想生活的追求永無停息，這是人類最大的幸運，也是最大的不幸。即使我們終其一生，除了壽命長短不可控制之外沒有別的愁苦，那麼不難預見，我們也會因為對長生不死的追求而痛苦一輩子，再也體驗不到其他的快樂。因為除此以外，我們沒有其他渴望，也得不到特別的滿足感，這對於漫長的一生來說，是多麼無聊又多麼悲哀啊！

既然如此，我們何不讓心靈享受最大限度的自由？不必把外界的投射處處放在心上。事來心始現，事去心隨空。不要再因為今天沒錢買房，明天沒錢買賓利，沒辦法過節時親友們面前炫耀而痛苦。安靜地讓自己的心在自我追求中變得寬廣，以自己所喜歡的方式過一生，我們既不需要有強大的父母為自己鋪路，也不必做一個非得滿足親人誇耀與欽羡的「好」孩子。只需在自己可支配的範圍內，愛父母、睦兄妹、友親朋，就可以了。

感謝自己擁有的感受，它讓我們感知到自己的存在，也感知到生命的偉大與渺小，世界的殘酷與美好。心外無物，心外無事，心就是我們自己的宇宙。心思細密才能感知到世界的豐富，好學不倦才能感知到世界的新奇，心無怨恨才能得到世界的寬容，內心善良才能感知世界的美好，心懷坦蕩才能逍遙地生活在天地之間。

放下何妨？他們只是你生命中的過客

生者為過客，死者為歸人。天地一逆旅，同悲萬古塵。月兔空搗藥，扶桑已成薪。白骨寂無言，青松豈知春。前後更嘆息，浮榮何足珍。

——李白

多年以前，那個叫慕顏歌的女孩和所有的年輕人一樣，總覺得自己的一言一行都被他人關注著：很多人妒忌她，很多人看不起她，很多人傷害她。她的內心充滿了惶惑。所以她一和陌生人說話就緊張得渾身發抖，一見陌生異性就臉紅心跳很想逃離，最膽小的時候，連跟上司請求調換座位的勇氣都沒有。每天神經緊張至極，常常被電話鈴聲嚇一跳，別人一個不經意的眼神，都能讓她心潮起伏如驚濤拍岸。有一天，她終於受不了如此難受的情緒折磨，於是找到擁有無上智慧的師尊維摩詰，請求他給予自己自信的力量和堅強的勇氣。

維摩詰聽完她的訴說後道：「今天我們玩幾個遊戲吧！」

女孩奇怪地問道：「什麼遊戲？」

「妳不是和陌生人說話會緊張嗎？我帶妳去充當一回指路人吧！第一個來問路的人會是個小夥子。」

維摩詰說著，伸手打了個如意印，女孩頓時覺得自己腦子裡有了整個城市的地圖，她站在橋上，等著問路的人。

沒多久，果然有個長相清秀的小夥子來問路。女孩緊張地比畫了很久，總算把路給指明白了。這時老維師尊顯現法身問：「妳指路時在想什麼？」

「沒有想什麼，就是有點緊張，只想把話說清楚……」

「不對吧，我剛才看妳念頭橫飛啊！妳覺得這個小夥子正當年少、容貌清秀、氣質文雅，看上去是個有學問的人。妳在想，他要是追求妳，妳會不會同意做他的女朋友。然後妳否定了這個念頭，因為妳覺得他可能沒妳聰明；但是妳很願意享受他追求妳的過程，妳也會很願意吊他胃口跟他做朋友……不過如果他特別有錢，而且對妳也特別好的話，妳可以退一步，降低對他智慧的要求。並且妳還思考了妳有過男朋友和性經歷，如何讓他不去介意這個問題……還有萬一他和妳只是玩玩，妳要得到多少補償才會心理平衡……」

女孩不好意思地笑了：「這說明我緊張的原因，其實是想讓他關注我，滿足我的虛榮心？」

維摩詰沒有直接回答，而是說：「第二個人要來了……」說罷又隱身了。

這一次來問路的是一個非常漂亮、比女孩還略年輕的美女，又是一番緊張的比畫，女孩總算說清楚了路怎麼走。

漂亮美女剛走，老維師尊的聲音就響起了，還是那句話：「妳剛才指路時在想什麼？」

「好緊張，真怕說不清楚。」女孩臉紅了。

「不是吧！我看到了，妳把那小美女從頭到腳打量了一番後，得出了她很漂亮，可能比妳還漂亮的結論。妳發現她胸比妳大，腰比妳細，個子比妳高，五官比妳精緻，氣質比妳好。手上是ＬＶ，腳上是PRADA，妳覺得她可能是某個有錢人的女朋友或是某個有錢人家的孩子。妳表面上讚美她長得如此美麗，好有福氣，其實心裡另有著小心計——一定不和這樣漂亮的美人站在一起，以免讓妳黯然失色。妳希望她只是長得漂亮而已。可是妳感覺她好像也很聰明，這使妳更加自卑。那時邊上路過了幾個男的，都在看著妳們兩人，但妳感覺別人看的都是她，而不是妳。妳很想快點把她打發走，可是妳又說話氣短，於是偏差百出，言語不能精確。」

女孩羞得無地自容：「這是否說明我因為妒忌別人優秀，害怕自己不如人家才那麼緊張的？」

沒想到維摩詰忽然不辭而別。慕顏歌正欲嗔怪，第三個問路的人來了，這是一個老實的鄉下老農民，這一次，她沒有太緊張就把路給指明白了。老農民的身影還沒消失，維摩詰的問題又來了：「妳剛才在想什麼？」

「覺得他生活肯定很苦，然後給他指了路。」

「不對吧！我看你在想這個男人都六七十了，長得也不好看，彎腰駝背的，他看妳還色瞇瞇的，妳心裡好惱火，覺得他能和妳這樣清秀出塵的大美女搭上話已經是福氣了，還不自尊自重！又老又窮又醜的他竟然敢看了妳可愛的小臉後又看妳微微鼓著的小胸，真是臭男人一個！沒有色的資本，卻有色的膽。妳就算終身不嫁，也不願意多看這個男人一眼。面對這樣一個男人，妳驕傲到了極點……」

慕顏歌尷尬到了極點：「你是說我之所以自卑，是因為我渴望自己能夠吸引更多的優秀男人？」話音未落維摩詰又不見了，這破師父！

這時，一個中年婦女走了過來，看樣子像是個清潔工或保姆，慕顏歌熱情地指完路後，老維又重複了那個問題：「妳指路時在想什麼？」

這次慕顏歌比較老實，覺得反正什麼都瞞不過師父，不如實話實說，於是她道：「我看她四十多歲了，像是過得比較辛苦。一看她年華盡逝、滿臉滄桑、臉色晦暗，讓人看著很不舒服，我就告訴自己絕對不要過成那個樣子。我不想再看見她了，但是她看著我，一臉羨慕地說：『妳怎麼長得這麼漂亮』時，我感覺很受用，雖然我覺得她的口氣裡有點羨慕加妒忌的意思。」

「嗯，妳應該知道妳為什麼和陌生人打交道會緊張了吧？」

「知道了。我不是把對方看作是我要交往的人，就是把人看成了競爭對手。面對不在我的交往範圍內或不構成競爭威脅的人，我就不會緊張。」

「不說妳了，資質駑鈍！費這麼大勁，妳也沒開悟。」

「求師尊開示！」

「唉！妳現在正當年少，處於適婚年齡，如果妳想要找個優秀的人，那麼妳就需要獲得最大化的關注和認可，才有可能吸引到各方面都足夠優秀的異性，而這也考量著妳自身夠不夠有吸引力。任何一個略有優勢的同性出現，妳都會感覺自己的關注度會被威脅，任何一個足夠優秀的異性，妳都希望他關注妳。而那些不在妳擇偶範圍內的異性，或對妳完全沒有威脅的同性，妳根本不會放在心上。妳雖然偶爾也覺得自己不是特別差，但更多的時候，妳感覺自己沒有得到足夠的關注，因此，覺得自己不夠好，所以才那麼自卑。其實一切的自卑，都是因為妳有所求。任何和妳交往的人，只要妳感覺對方於妳有巨大的利害關係，無論男女老少，妳都會緊張害怕，林則徐有句話極好，『壁立千仞，無欲則剛』。」

「可是很多時候，我覺得大家都看不起我……」

「我要和妳說清楚，妳的感覺還是基於以上心理產生的。我們玩個時間遊戲吧！在這個遊戲裡，妳會獲得一種特異功能，就是一個人的一生會被妳在一天之內看盡。不過妳這功能只有一天時間，妳可以看很多人，也可以只看一個人。嗯，妳還可以發表欣賞或看不起他們的言論。」一說罷，維摩詰隱去，慕顏歌只覺得一陣暈迷，忽然發現山水不長，日月很短，她進入了一種玄妙的狀態中。

在這個遊戲裡，每一個人都自動帶著一些標籤，比如多情、有錢、有責任心、美、醜、性感、好色、道德水準低下或學問淵博等。每個人都有自己的標籤，也在不斷更換自己的標籤。她看著這些自己帶著標籤的人來來去去，偶爾慨嘆一番又換了別人看。

這些人中，既有她第一眼就看不起的，也有她第一眼看了就非常嚮往的。過一會兒，那個曾經問過她路的小帥哥出現了，帶著學問淵博的標籤，她仔細地看他日復一日地努力學習，不禁非常欣賞他的努力和智慧，於是給他按了個讚。小帥哥回報式地關注了慕顏歌這個看客一小會兒，又回到了自己的日常生活裡，她只看到他出國留學就換看別人了——一個人的一生其實沒有多少有趣的東西可看。

她看了看那個她不喜歡的老醜男，只覺汙染眼睛，又轉去看其他人了。後來，她對一個道德敗壞的人發表了一些揭露其面目的言論，一時間，他朋友的話題都是關於他的閒談。不過她很快發覺，大家只是在背後說說，而且十天半月後，那樣惡劣的事件就被大家忘記得一乾二淨，只記得還有這麼個人存在，對他的看法依舊回到了過去的慣性裡。他還是慷慨的，還是優秀的……

她覺得沒意思了：自己肚子會餓，身體會累，要上廁所要洗澡，還有生活中其他事情的牽扯，她實在沒有力氣去看別人一輩子，哪怕只花一天時間也做不到；哪怕是她覺得很優秀的對象，很厲害的對手，她也做不到。倦怠的她決定打一會兒遊戲。

一天很快過去了，維摩詰現身問道：「妳能給我講講妳昨天所看的人嗎？」

慕顏歌打了個哈欠說：「師父，我一夜都沒睡好，好睏，能讓我先睡會兒覺嗎？」

「妳把妳看到的感覺說一下，就可以睡覺了。」

「沒有感覺，請不要再問我。看的時候我會隨便發發感慨，其他的就不關我事了。」

「妳看到那個讓妳心動的小帥哥人生的最後境遇了嗎？」

「沒有……」

「妳看到那個一出現就讓妳看不起的老男人的境遇了嗎？」

「沒有……」

「妳影響他們了嗎？」

「怎麼可能，他們和我又沒關係！」

「就是啊，妳看，他們和妳又沒關係。妳看得起還是看不起，影響他們了嗎？讓妳看和妳沒關係的人，一天妳都受不了，妳幹嘛還想別人成天看得起妳或是看不起妳？」

「我明白了，我自以為那些總是看不起我的人，很多都只是生命中的過客，他們不會花什麼時間來研究我，因為和我沒有關係。

「他們看得起或者看不起我，也不會影響我什麼，因為和我沒關係。我只和我自己的行為發生關係，而不是那些一閃而過的看客。

「或許有人會有意無意地說一些傷害我的言論，不過那也只會在一幫並不會對我構成實際影響的人中被閒談一陣，然後被忘卻……所有和我有關係的人，依然會相信他們平時看到的我……」

慕顏歌說罷，終於解開心結，雖然知道自己還會因為慣性而繼續害羞好久，不過，她相信，假以時日，讓這些道理植入意識的主動中，遲早有一天，她不會再因為介意利害得失而自卑和緊張。

大家或許只會在自己細緻綿密的感受裡去在乎外在環境，沒有多少人真的會花時間去觀察我們，即使那掠過我們身上的眼神確實帶著鄙夷，吐出的言語確實充滿了看不起，但那也只能證明，他們只是在用冷漠和驕傲來表達，我們跟他們沒有什麼關係。何況，我們每個人所發表的意見，或許只是因片面感受產生的觀點，並不是事實本身。

學會放棄，便是學會了成熟

我們從年輕變得成熟的過程，不過是一個對自己欲望、言行的毫無道理與荒唐可笑慢慢習以為常的過程。某一天，當我明白其實我們並不具備獲得幸福的天性，年輕時長期折磨著我的痛苦便消逝了。

——廖一梅《悲觀主義的花朵》

一個美女向我傾訴說，與她已經登記結婚，並且準備大年初六舉辦婚禮的老公，突然取消了婚禮，並且要求已經懷了孕的她打掉孩子後辦離婚手續。這個美女聽後崩潰了。為了籌備這場婚禮，她已經足足地準備了兩個多月，訂了婚紗和酒店，給所有的親友發了請帖……公公婆婆不願意出聘禮和辦酒席的錢，老公也並沒找公婆爭取，還說辦酒席的錢應該他們夫妻倆出。這已經惹得她極為生氣，但現在倒好，老公最終不但不憐惜她的痛苦，還在她最痛苦的時候提出了離婚。

我覺得奇怪。雖然說男性容易對一些沒有實質好處的禮節不在乎，但她老公也願意自己出錢風光娶她進門，而且已經登記結婚了，按理說他是下定了決心要和她過下去的，女人鬧點小脾氣，也不是什麼原則問題，怎麼短短十多天，忽然便狠下了心？

仔細一問，才知道她純粹是被自己的恐懼嚇死的！原來，她老公事業有成，但離過婚。公婆毫不掩飾地表明喜歡那個前兒媳。委屈之下，她便懷疑老公與前妻未曾斷絕來往，所以動輒查手機，翻電腦。有一次吵架，她還在盛怒之下摔碎了老公的筆電。因為對公婆不滿意，怨恨交加的她竟然連續電話加簡訊責罵了老公一週。天哪！我這個聽的人都崩潰了——這個情緒的奴隸，瘋起來真是讓人抓狂，誰受得了一輩子都要面對這種瘋狂的折騰？

這讓我想起自己也曾有過的傻事，逼得與我相處的戀人最終對我說了一句話：「我願意為妳死，但再不會為妳活。妳永遠只有自己的感受，永遠只會要求我、控制我。我要找的是一個相互理解扶助的情人，不是一個時時要滿足其作威作福欲望的女王。妳有沒有想過，弄壞我手機事小，裡面的聯絡人我得花多長時間才能重新確定和整理好？妳有沒有想過，妳的力氣雖然沒有男人大，可是用力打起來，我也會很痛？」

是多大的逼迫，才能將本來願意生死相守的深愛逼成只願以一死了卻的怨恨？多數人的苦與難，不就是因為總是放縱自己的感受把別人往死裡相逼造成的嗎？因為害怕，她把自己好容易才搞定的老公逼到了心靈的絕境，同時也把自己逼到了絕境。

情緒人人有，安全感人人缺失，但偏執的人總是覺得自己只是有些情緒，只是缺少些安全感，所以他人尤其是伴侶應該體諒自己，卻從來不覺得自己也應當體諒別人。什麼時候學會放棄，什麼時候便學會了成熟。心智的嚴重不成熟，是自找苦吃的根源，所以，佛家要人們降伏自己的多心；道家要人們修煉自己的清靜心；儒家要人們格物致知生同理心，以做到「己所不欲，勿施於人」。

但現實中的很多人，尤其是很多女人，終其一生都在追求安全感。張曉晗的作品《女王喬安》中有一句很生猛的話我覺得好有愛呀：「缺乏安全感才是全世界最普遍的婦科病……」

我們可憐的女生們是不是都有過這樣的感覺：乍有了心上人，心情極纏綿曲折，思念中夾著怨嗔，急切中夾著羞怯，甜蜜中夾著苦惱。而那人卻又很難體察其中的奧秘，因缺乏細心或者耐心，或因諸事繁雜，不能及時回應我們愛的需求，不能天天陪著我們，於是我們動不動就懷疑：「他是不是不想理我了？」動不動就想問：「你是不是不喜歡我了？」然後，或開始無理取鬧，非要逼出個清楚明白來；或隱忍著不去打擾，但是常常連一天都沒到就自我崩潰了。理性的人或許能堅持得更久些，但估計沒幾個女生能做到一兩個月不去追問深為依戀的情人「究竟還愛不愛」自己，「究竟有多愛」自己……得到一點點口頭上的保證便可以幸福半天——半天之後又重新開始懷疑了。

若是他回應熱烈，妳便天天心花怒放；若是他回應不熱烈，便馬上又開始進行自我否定：我要是漂亮點，他可能就更在乎了！我要是沒有什麼戀愛史，他可能就更在乎了！或者：他是不是另結新歡了？這種強烈的「婦科病」逼著女生們用盡一切手段去了解、跟進男生的資訊，結果往往使得自己在變成控制欲的狂人後自找死路，得了個「那麼深愛他，還是失去了……」的下場。

看過一個說明兩性思維差異的日記，滿有意思的。

她的日記：

昨晚他真的是非常非常古怪。

我們本來約好了一起去餐廳吃晚飯。但是我白天和好朋友去shopping，結果就去晚了一會兒——可能因此他就不高興了。到了餐廳，他一直不理睬我，氣氛僵極了。後來我主動讓步，說我們都退一步，好好交流一下吧！他雖然同意了，但還是繼續沉默，一副無精打采、心不在焉的樣子。我問他到底怎麼了，他只說「沒事」；我繼續問他，是不是我惹他生氣了，他說是我想多了。在回家的路上我對他說，我愛他。但是他只是繼續開車，一點回應也沒有。我真的不明白到底怎麼回事，我不知道他為什麼這次不再說「我也愛妳」了。

我們到家的時候我感覺情況沒有絲毫改善，因為看起來他已經不想跟我有什麼交流了。他坐在那兒什麼也不說，就只是悶著頭看電視，繼續發呆，繼續無精打采，後來我只好自己上床睡去了。後來他爬上床了，但能看得出來，他一直都在想別的事，他的心思根本不在我這裡。這真的是太讓我心痛了。我決定要跟他好好談一談，但是他居然已經睡著了！我只好躺在他身邊默默地流淚，雖然他還在我身邊，我卻倍感心傷。我現在非常確定，他肯定是有了分手的想法了，這種感覺真像天塌下來了一樣！很不喜歡這種感覺，一覺睡過去永遠醒不來有多好！現在，心很痛，痛得我受不了了……

他的日記：

今天義大利隊居然輸了。我愛老婆。

男女思維方式是完全不同的，男人有時情緒低落，但是又覺得說出來對方不一定理解，或者只想獨自消解自己的憂傷，所以就會選擇不說。但更脆弱的女人心裡天生對男人的資訊有著強烈的求知欲，絲毫遺漏都能引起多愁善感的女人在自我情緒掙扎中走向崩潰。

愛是有獨占性的，若以社會生物學的角度來看，愛的獨占性是我們必然的擇偶策略。生命本能讓男人因性而嫉妒，女人為愛而吃醋。無論現實反應還是文化規定都反映出：男人更在乎女性的身體背叛，而相對來說，女人更在乎男人的感情背叛。

原因很簡單：密西根大學的心理學教授大衛．巴斯明確提出，嫉妒做為一種古老的進化心理，功能在於促使人們採取措施看好自己的另一半，否則就有可能招致巨大損失而後悔不已。

我認為，情緒是生命的自我保護機制，這種性嫉妒情緒也是自我保護機制之一，沒有什麼不對，壞就壞在本能情感這種工具很難使用——可憐的人類，常常成為自己工具的工具。發明電腦的初衷本來是要處理一些我們不想自己去做的事，結果到現在，我們每個人必須學會使用電腦，然後還離不開了——情緒這工具太沉重且運行速度太快了，常常不由自主地走極端，導致可憐的女生們非常在乎男人的感情，一旦傾心於某個人，便希望全方位掌握他的資訊，為了全面占有一棵樹而放棄整個森林，結果最後這棵樹還失去了，你說冤不冤啊？

但是，就像泰戈爾所感嘆的那樣：

花為什麼謝了呢？我的熱烈的愛把它緊壓在我的心上，因此花謝了。
泉為什麼乾了呢？我蓋起一道堤把它攔起來讓我使用，因此泉乾了。
琴弦為什麼斷了呢？我強彈了一個它不能勝任的音節，因此琴弦斷了。

相愛，固然要彼此忠貞，要有一些彼此占有和控制來牽制感情的平衡。但是，每一個生命都是做為一個獨立的個體而有了與他人相愛的可能，假如你和我完全一體又何必相愛呢？

愛是吸引兩個人彼此扶助的引力，但不是成就另一個人的藉口。每個人都有自己的社會關係和情緒負累，那些東西，別人看不著，也無法代替另一個人去處理他的一切。有一些資訊，只能是他一個人的。甚至他完全敞開心扉，你也未必能走進去，因為你看不懂他的格局。

藤纏樹固然不曾辜負愛情的美好，但纏得太緊，樹便會感到窒息，停止成長。情人擁有的只是隨時可以分開的互相擁抱，從來不是真正融成一體。相愛，就給彼此留下一點空間，不要讓愛成為束縛，無論對他來說，還是對你來講。

學會放棄，便是學會了成熟。世間並沒有絕對的安全感，我們唯一能擁有的安全感就是增強自己的認知力和被愛的能力，然後放棄安全感這玩意兒，這時反而真的沒有什麼不安全了。

即使一切都失去，我亦不會太悲傷

有一種更深的依賴必須要認識清楚，才能獲得自由。那就是，你總是依賴別人給你快樂。

——克里希那穆提

世界上只有兩個人，一個是「我」，一個是「其他人」。「我」的力量太渺小，所以形成了社會群體，群體中的人彼此合作幫助，才對自然有了一些改造和控制力。但人與人之間，唯一的關係就是價值交換，不只是物質，也包括情感。我們拚命追求物質，要滿足的只是情感體驗。賺錢和花錢，也都是為了體驗一種對世界的操控感。

生存本能和個體性決定了我們都是自利至上者。

南北朝時，有四個人在一起交流各自想得到的東西。某甲說：「我希望成為擁有十萬貫家產的富翁！」他的想法確實宏大：一貫錢等於一千個錢，可以兌換一兩銀子。十萬貫就是一億錢，而當時在京都建康城買一座精裝修的宅院只需要三萬錢，一套別墅則只需要五十萬錢，可以想像當時一億錢的實際購買力。他的願望其實就是富可敵國。

某乙的興趣在從政上，他說：「我想做揚州太守（市長）。」不要以為某乙只想做個有文藝情懷的幹部，而願意去「天下三分明月夜，二分無賴是揚州」的地方逍遙自在——那個時候的揚州管轄京城，揚州太守位極高、權極重，大約相當於後來的直隸總督兼北洋大臣的角色。

某丙的思想境界則高很多，他矚目於高深的人生問題，鄭重提出了自己的願望：做一名神仙，騎龍跨鶴，滄海桑田，永生不死，超越凡人。

輪到了某丁談理想，他覺得以上這些想法都不錯，也可以說都是自己的願望，於是他說：「我願意腰纏十萬貫，騎鶴下揚州。」——這願望極其貪婪，卻又不是欲望的頂點——人類的欲望沒有頂點。

即使那些看上去很無私的人，他們的利他行為，也大多是為了滿足自己的某種情感需求。家國天下的情懷與錙銖必較的做法，在本質上並無高下之分，只是前者更受歡迎和推崇，後者讓人感到難以相處罷了。所以亞當·斯密才在《國富論》中說：「人天生，並將永遠是自私的動物。」

很多人終其一生追求的安全感，其實是一種絕對控制感，絕對的資源控制成了大多數人為之奮鬥終生乃至於疲於奔命的目標。容顏、家世、學識、個人修養、能力、金錢與其他各類物質或非物質的東西，是我們表現自身操控力的證明，這些東西的數量與品質決定了我們可與外界交換多少滿足自己需要的東西：傾城之貌可以換來萬千寵愛；顯赫家世可以帶來青雲直上；淵博學識可以得到名滿天下；修身齊家可以進而治國平天下；能力超凡往往可以前程似錦；富可敵國則很多東西便隨之而來，富貴逼人……

家世、容貌或者天賦等先天條件是我們無法選擇的，我們唯一能做的就是努力，通過提高認知力和能力來增加自己的安全感籌碼。當然，我們也可以在有限空間裡有限地發揮，例如通過裝扮，努力讓外貌看起來更好。不過，韶華易逝，再漂亮的花也只能開放一季，再美好的容顏也有老去的一天，如果僅僅是憑藉容貌去博取終身幸福，實在不是聰明的選擇。很多道理，其實是禁不起推敲的，比如「女人靠征服男人去征服世界」，好像只要我們搞定一個男人，從此一生歲月如歌，便會在安穩的幸福裡享受時光。這句話騙了多少美貌和不美貌，聰明和不聰明的女人啊！

男女之間，的確往往是由吸引力而產生交流。一個單身男人看一個女人時，第一眼就會確定自己要不要追求這個女人；一個單身女人在看一個男人時，第一眼就會用老公的標準去審視，這是不是一個可以與之結婚的人？即使他已經結婚。就這樣，對異性的愛的觀察，成為了我們的本能，同樣，在一個異性的眼中，我們才更能深刻體會到自己的價值和性別賦予自己的力量。要麼愛，要麼征服，就是男人與女人之間所有的秘密。

女人靠什麼去征服男人？聰明的大腦？體貼的個性？驚豔的外表？都不是，這些都只是加分項。好比我們吃飯時要用碗來盛飯，所以對碗的要求首先是，它是一只碗，其次才是木碗、瓷碗、金碗、玉碗……

但我們身上的生物本能使得大腦一味地追求多樣性和刺激性。如果說肉體是唯一的自然資本，那麼，當它在交付出去時，它的征服力就已經開始減弱。一是它會慢慢被那人的大腦熟悉，然後無視，再美好的肉身，也敵不過大腦對重複資訊的厭倦；二是自然資本自然會遵守自然規律，盛極必衰，美貌也就只能保持那幾年，並且一年不如一年。一旦容貌再也沒有能力吸引對方，那就可以說喪失了所有的資本，「年老色衰」、「明日黃花」幾乎成為失意人生的共同標籤。武則天的例子說明，把自己做為資本，投資是否成功，後期的發展很重要。由容貌出眾而被選入宮廷的她，由才人一步步高升到昭儀、皇后、皇太后直至皇帝，這一切的背後是做為一名思想進步、個性解放、勤奮好學、勇於實踐的文藝女青年的全方位發展。她本身已經是溫柔、強悍、美麗、個性、天賦以及全方位幸運的集合體，還永不滿足已經取得的成績，總是再接再厲、勇創新高，最終才得到了令天下人瞠目結舌的成績——同時，這只是特例，幾千年唯此一人而已。但現實中，許多美麗女子征服了強大的男人之後，就覺得大功告成，轉而把男人當作自己寄生的樹。結果，容顏在歲月的洗禮下一點點貶值，最後再也無法讓他獲得利益交換的滿足。當一個男人感覺不能從一個女人那裡得到更多的資源享受時，這樁交易基本也就岌岌可危了。即使一個人很優秀，占有很多優質資源，比如傾國傾城貌、富可敵國身，這雖然在一定程度上可以增強抗風險的能力，但是除非控制了整個宇宙，否則時間這個唯一的絕對力量會輾壓一切。

無論我們是誰，無論我們控制著什麼，我們擁有的一切，隨時隨地都有可能灰飛煙滅。財富、親友、情人甚至包括我們自己，每一秒都要面對同樣機率的風險，一場重病、一場意外、一起天災，或者僅僅是有人起了異心，我們就得面對一場別離。

我們永遠無法預料，命運什麼時候會從自己手上奪走什麼，這些不是我們努力了就能抗拒的。我們唯一能通過努力達到的，就是讓自己的心變得更堅強、更理智。在情感上不依賴任何人與物，自性獨立圓滿，內心堅韌不拔。萬一命運殘酷地從我們手中奪走了愛人或者財產，我們也要快樂生活下去。

所以，即使在我們生活最美滿、最幸福的時候，我們也要時常提醒自己，現在陪在我身邊的任何人與物，隨時都有可能離我而去。只要活著，我們就會不斷地得到和失去。有句話說得好：「人生就像心電圖，一帆風順，沒有曲折，說明你掛了。」人生必然是起伏的，低谷之後必有高峰，高峰之後必有低谷，誰都不可能一直在浪頭上幸福，也沒有誰會一直在低谷裡痛苦。

做好一切都會發生的準備，並不是讓我們用未知的恐懼來嚇唬自己，而是說一切皆有可能，我們要有這個心理準備或覺悟，而不能在遇上突發事件時讓自己崩潰——雖然選擇崩潰也是一種自由。

其實，世間的一切，都不過是一些基本元素根據一定形式邏輯形成的集合體罷了。或許，連意識都只是一些速度極快的粒子運轉產生的結果，所以一切集合體也會因為自身遭遇的條件變數而不斷重複「成住壞滅」這一過程。只有獨立而圓滿的人格，才能讓我們超然於得失之外。

人格獨立圓滿的人，不會將自我快樂建立在外界之上，不會為了滿足別人而改變自己。我們對父母、愛人、子女乃至親朋好友的愛與付出，是出於自願，出於使命感，出於自己對人倫道德的認可，而不是為了滿足他們的要求，更不可以因為要滿足他們的非理性要求而把自己弄得筋疲力盡。

無論我們付出了什麼，凡是出於自己的選擇，在選擇的那一刻，我們已經承認「我願意這麼做」，就是對這麼做的最大回報，不要再奢求其他回報需求。比如，我不會因為自己做了飯而要求男友自覺洗碗，我亦不會因為給了母親生活費而希望她給我打掃清潔。

多少人的不幸福都是因為覺得「自己付出了」，所以覺得別人「應該怎麼做」。其實，這兩者並沒有邏輯關係。我們只能選擇自己的行為，而不能主導他人的意志。如果付出時就抱有得到等值回報之心，多半會失望甚至絕望。如果你真的願意做某一件事，你就只管努力去做，而不要去要求別人因此滿足自己的什麼欲求和願望。

我們可以與人交流觀點，但不要把自己的觀點強加給任何人，也沒有什麼人有絕對資格把他的觀點強加給我們——無論他地位多高、財富多豐厚、道德有多高尚或與我們有多親密。除了自己，沒有誰可以主導我們的自由意志，同樣，我們也大可不必用自己的標準去評判別人。

人格獨立圓滿的人不在乎外界的任何負面評價。天涯論壇上一個大叔說得好，做人要像黃藥師一樣：天下人瞧不起我與我何干？你說這壞事是我幹的，人是我殺的，那好，就是我殺的，你有本事就報仇，沒本事就閉嘴滾開。當然，沒有黃藥師的武功，去學他的行為，那就是找死。所以，我們一邊要提升自己的內心素質，一邊也要提升自己的實力。當你相信自己的能力時，你才會有真正的勇氣去瀟灑，去行走天地或獨來獨往。彪悍的內心不需用世俗的評價來汙染其純淨的快樂：「生平功罪由天罰，何懼眾生滔滔言？」

人格獨立圓滿的人會表現為外圓內方，如果把這尺度比成一把刀，刀柄就是外圓，不但不傷人，還可以讓人握住來使用，不但能用來切菜，必要時還可以用來砸釘子；刀身是我們的能力，可以切菜，也可以拍蒜、拍黃瓜；刀刃是我們行動的底線，千萬不要握著刀刃，否則必定讓你受傷流血。

保有自我的最好狀態，不想在現實裡自怨自艾、頭破血流，我們只有看穿真相，建立一套情感反應機制，才能在雲捲雲舒裡得到一份屬於自己的自在和安樂。沒錯，我們要像一隻狼，在群體中互協互依，但若失去所有，無論多難也要活下去。有溫暖有愛情有親情的時候，我們可以盡情去享受，並回報生活，回饋人生，一旦失去了情感關懷，我們也有充分的精神準備，不會讓自己在悲傷裡一蹶不振。

如果我們能有一個強大的內心，就既能看透世間真相又不頹廢消沉，既智慧通達又充滿陽光，餓了吃、睏了眠，病了治，疼了就想辦法止疼，疼得無法忍受就呻吟，但心裡不會因此而沮喪，而舉止失措，或對人生產生憤恨或失望……這樣的成熟真是很爽！倘若如此，即使有一天醒來，所有的一切都失去，我亦不會太悲傷。

PART 2

不逼自己一把，就不知道自己有多優秀

要知道，你的運氣好得驚人！
如果你看不到這一點，只會埋怨命運，反覆去想不足之處，
一味抱怨生活沒有給你快樂和幸福，
你就真的會被生活掠走快樂和幸福。

世界是什麼樣子，取決於你怎麼看待它

歡樂的殿堂能容下一節長長的豪華火車，而上車之前，那狹長而充滿痛苦的通道我們卻必須獨自穿過。

——艾拉・惠勒・威爾克斯

有三個人同時喝一口井裡的水，其中一個人用金杯盛著喝，另一人用泥碗盛著喝，第三個人用手捧著喝。用金杯之人覺得自己高貴，用泥碗之人覺得自己卑賤，只有那個用手捧水喝的人才痛痛快快地說了一句：「好甜的水！」

電影《小淘氣尼古拉》中也有一個情節與此有異曲同工之妙。學校體驗時，為了檢測同學的聯想能力，每一個同學都得看一組墨跡圖。

第一個被測試的同學是一個富家公子。老師對他說：「這裡有一些圖片，你看到了什麼，告訴我好嗎？」隨後，老師拿出了一張說不出具體形狀的墨跡圖片。

富家公子說：「這是爸爸的車。」

老師拿出一張類似的圖片，富家公子說：「爸爸的遊艇。」

第三張圖片，小公子說是爸爸的飛機。
第四張，老師問道：「這又是爸爸的什麼呢？」
小公子說：「不是，是我媽媽的大衣……我爸爸給她買的。」
而笨學生看見第一張圖片說：「我不知道，我沒有複習。」
老師安慰他說：「不要緊，就說說第一感覺。」
他小心翼翼地問：「是一個日期嗎？」
老師很驚訝：「日期？你看到一個日期？」
「我不太確定……」
老師奇怪地記錄完後，又拿出第二張圖，笨學生說：
「畫的不是我……」
老師很鬱悶地說：「畫的確實不是你！」
見到第三張圖片時，笨學生惱怒地離開了座位，老師問他去哪兒，他吼道：「這不公平，那些汙跡又不是我弄上去的！」
而小尼古拉呢，對著一張墨跡圖豐富地聯想了一大堆：「有一個小男孩，他發現了一粒種子，於是把它種下了，種子發芽了，變成了一個嬰兒。嬰兒長啊長，長成了巨人，然後把小男孩抓住吃了……（這也許是他一直害怕父母再生一個孩子就會拋棄他的潛意識。）」

老師聽得一愣一愣的，僅僅是一張灑了點墨跡的圖，這個滿心恐懼的小淘氣竟然可以聯想這麼多，以至於老師不由自主地要翻過來看看那張圖是否真有玄機。

看過《蝙蝠俠：開戰時刻》和《守護者》等影片的同學肯定知道，這就是著名的羅夏墨跡心理測試。它是由瑞士精神病學家羅夏於一九二一年編製的一組非常有代表性，並在當今世界上廣為使用的投射測驗。該測驗通過觀察被測試者對一些標準化的墨跡圖形的自由反應，評估其投射出來的個性特徵。那些兩邊對稱但形狀不定的墨跡圖形，不過是在紙的中央滴了一些墨汁，然後將紙對折，用力按壓而成的罷了，本身沒有任何主觀表達在裡面，但每一個被測試的人卻給它賦予了不同的意義。

這讓我想起曾經有個人為了考驗我的理解力，講了一個關於邱吉爾的笑話：有一次，女權主義者南希・阿斯特夫人到溫斯頓・邱吉爾的老家拜訪他。在交談中，阿斯特夫人大談特談婦女權利問題，並懇切希望當時擔任內閣大臣的邱吉爾能幫助她成為第一位進入眾議院的女議員。

一向反對婦女參政的邱吉爾嘲笑了她的這一念頭，也不同意她的一些女權主義觀點，這使阿斯特夫人大為惱火，她對邱吉爾說：「溫斯頓，如果我是你的妻子，就會往你咖啡杯裡放毒藥！」

邱吉爾鎮定地回答說：「如果我是妳的丈夫，我就會毫不猶豫地把它喝下去！」

然後這個人問我：「這個笑話的主題在講什麼？」

我不假思索地回答說：「愛情。」

他驚訝極了，怎麼會看出這故事裡有愛情來？他說，這明明是邱吉爾表示自己寧死也不同意她的主張啊！他這麼一解讀我也驚訝極了，因為我覺得，邱吉爾明明表示的是：「如果妳讓我喝，我就會喝，哪怕是毒酒。」——這難道不是愛情嗎？

一個人要怎麼看待這個世界，完全取決於自己的解讀方法。而這些解讀方法，決定了你會如何行動。這麼看來，有些時候，尤其是我們感覺整個世界都在與自己為敵的時候，也許是我們的解讀方法出了問題。正如同樣生在暴力家庭的孩子，長大後，有的完全遺傳了父母的品性，有的卻又完全表現得與父母不同。

一個人要成為誰，在很大程度上，並不取決於外界，而是我們內心想成為誰。正如這個世界如何，並不取決於世界本身如何，而取決於我們想看見什麼。

你每天哭泣，這個世界就是悲傷的；你每天陽光滿身，這個世界就是樂觀向上的；你樂於思考，這個世界就是深邃的。如果你是張愛玲，你會看見孤獨自得的人生，「在沒有人與人交接的場合，我充滿了生命的歡悅。可是我一天不能克服這種咬齧性的小煩惱，生命是一襲華美的袍，但爬滿了蚤子」。如果你是胡蘭成，你會發現，「自古江山如美人，她亦只嫁與蕩子」的蕩子情懷和背叛情結。

吸引力法則告訴我們，我們相信什麼，我們就會關注什麼；我們關注什麼，我們就會看見什麼；我們看見什麼，就會回過頭來證明自己原先的想法是「對」的。所以，如果你不想成為什麼人，就不能用那種人的眼光去看這個世界，就不能用那種人的方式去生活。

很多人會拒絕承認這一點，於是乎，有的人想成為有錢人，但自己始終掙扎在生存臨界點上；有的人想成為一個被家人在乎、伴侶關心、上司認可的人，可是全世界都與之為敵。這其實是一種心理角度缺失導致的反作用效果。我們只是簡單地把想要得到，理解為了自己的為所欲為。我們在一個動態平衡的世界裡，絕對沒有人有能力隨心所欲——隨心所欲而不踰矩的孔子除外，但他老人家也是到了七十歲才達到了這一境界——這使得一些人總是幹著與自己想得到的一切背道而馳的事。

把人生活成一場簡簡單單的感謝

對於身處的現況，人們常怪罪於時運，然而，成功是屬於那些主動尋找自己想要的環境，要是遍尋不著，就自己創造的人。

——張若名

如果一個女人，想讓自己成為被丈夫疼愛的妻子，但成天不是責備丈夫沒有出息，就是罵他不體貼自己。即使從簡單的因果邏輯上來說，這樣做也絕不可能得到她想要的結果，只會與她的心願背道而馳。

同樣的道理，一個想多拿點工資的人，卻終日打遊戲、賭博、喝酒，在別人都充電的時候想著怎麼才能打發無聊的時間，那你憑什麼升職加薪？

李嘉誠說過，為什麼你一直沒有成就？因為你隨波逐流、近墨者黑、不思上進，一分錢沒有，死愛面子！因為你畏懼你的父母，你聽信你親戚，你沒有主張，你不敢一個人做決定。你觀念傳統，只想打工賺點錢、結婚生子，然後生老病死，走和你父母一模一樣的路。因為你天生脆弱，腦筋遲鈍，只想做按部就班的工作。因為你想做無本的生意，你想坐在家裡等天上掉餡餅！你抱怨沒有機遇，機遇來到你身邊的時候你又抓不住，因為你不會抓！因為你貧窮，所以你自卑！你退縮了，你什麼都不敢做！……你沒有特別技能，你只有使蠻力！所以，你永遠一輩子碌碌無為。

想成為一個什麼樣的人，就要奔著這樣的目標去努力，我們怎麼解讀這個世界，決定了我們會有什麼樣的行為。

多種善因則多得善果，如果你勤快又善良，那日子苦不到哪兒去。所以，如果我們不想成為被丈夫厭棄的妻子，就不要用抱怨、指責和發脾氣的方式去對待他；你不想子女都不愛回家，就別天天說他們這兒比不上別人，那兒比不上別人；你不想老婆總是什麼話都憋在心裡，就要主動示愛，不要等到不可收拾時，才去後悔遇人不淑；如果我們希望升職加薪多掙錢，就要努力提升自己的能力。

當你發現你總是得不到你想得到的東西時，請跳出固有思維看看自己是不是總在做與自己的希望背道而馳的事；當你發現自己的行為總是與自己的期待不一致時，請跳出固有思維看看，自己解讀世界的方法是不是出了問題。

每一個事實都證明，你想成為誰，取決於你的行動正在成為誰，而你會如何行動，則取決於你對世界的解讀。

我記得很久以前，我的家鄉有很多男人由於家境貧困，不得不外出做建築工人，往往一個村裡的成年男子組成一個包工團隊，從大連到荊州，到處承包工程。做建築工始終是個危險係數滿高的行業，幾年裡，有好幾家的頂樑柱先後死於工傷。

幾家寡婦對失去丈夫這一事實表現得完全不同。

一個因為家中再也沒有強壯勞動力，立即採取了找稻草的行動，選擇了與村裡小有資產的男人同居。她的兒子是我的小學同學。從小學到初中，學習成績一直位居前三，卻因為要幫忙養活殘缺不全的家，過早地參加高強度體力勞動，脊梁早早地被壓彎了，中學畢業後他就外出務工了，從此杳無音訊。而這個女人，聽說不久前又嫁了個老頭子，日子過得幸福與不幸福，只有她自己知道了。

一個像怨婦那樣終日涕泣：男人雖然不太中用，但總歸可以外出掙點小錢，即使待在家也能頂點事兒，生活好歹是有點支撐的。現在生活失去了倚靠，看著膝下兩個才十來歲的女兒，只覺一生再也沒有活頭了。其實她家並不是村裡最困難的，沒了男人也未必過不下去，因為還有田地，還有一筆可以支撐一段時間的撫恤金，最不濟也就是自己多辛苦點，日子斷然不至於過不下去。但她就是總想著那點錢用完之後，就算把女兒帶大了，都嫁了人，她一個孤老婆子也無依無靠，沒有辦法過活，思前想後之餘，她選擇了跳水自殺。

倒是有一位太令人刮目相看了。若要論容貌，她是幾個寡婦中最不濟的；若要論條件，她是村裡最窮的；生了三個女兒，在重兒輕女的農村，可以說一點倚靠也沒有。傷心欲絕的她也喝過農藥，但是看見女兒淚水漣漣的樣子，母性被激發，於是轉而選擇了自強。

她把所有的空地都種上了菜，稍有收成，便挑到集市上去賣；家裡又多養了好幾頭豬，別人坐著打牌時，她在打豬草，晚上還要加班加點地編籮筐。她只認一個道理：女兒若能讀書，拚了命也要供她們上學，如果不能讀，也要好好養大，給她們找個好人家。

別人都覺得她苦，唯有她覺得忙碌讓人充實，原來指望別人去實現的希望，到自己去實現時，才發現並不太需要依賴別人。瘦瘦小小的她，雖然過早地熬白了頭髮，但是，她是我們村裡少有的幾個首先在鎮上買了房做生意的人。如今聽說，她在重慶買了一個店面，日子過得相當不錯。

那個選擇與人同居的女人，從自己必須要靠男人生活的方向來看問題，她這一輩子，從來沒有為自己努力過，結果只能在男人之間輾轉求生。

那個自殺的女人，只看到了那點錢遲早會用光，感覺生活無望，完全忽視了自己可以努力的各種可能，所以選擇了逃避。

而那個堅強養大三個女兒的女人，她覺得自己可以通過努力養大三個女兒，大不了苦些，累些。

當然，還有一些寡婦選擇了嫁人，重新開始，無論苦樂，各有感受。

我們常常說的「命運」，其實只有一半在老天手裡。「命」在老天手裡，如出身、容貌、際遇等。我們決定不了自己出身的家庭、容貌的美醜以及後天會遭遇什麼事。但是，「運」在我們手裡。因為，如何看待自己必須面對的一切，然後如何繼續選擇，可以極大程度上決定我們的苦樂人生。

「命」「運」二字交匯，意味著我們要拿手中的一半，去贏上天手中的另一半。失意的時候，不要忘了自己手裡還握著一半；得意的時候，不要忘記了老天手中還有另一半。

「命」是ＢＭＷ，是夏利，或是拖拉機；「運」就是路。ＢＭＷ在坡坡坎坎的山路上，跑得還不如拖拉機順暢。而我們怎麼行運，則又在很大程度取決於我們的心智模式，用心理學上的自我實現效應亦可說得通：命，不可改，但運，卻是有辦法去修正的。

如果我們留意一下，無論是電視還是電影，真正讓人感動的劇情，不是主人公幸福得如何輕鬆得意，而是他們幸福得萬般艱難，或是他們有克服艱難的勇氣和智慧。這是因為，幸福不是那麼容易便能得到的，他們可以幸福，是因為他們有著我們凡人可能不太具備的克服困境的能力，可以去經歷我們都不願意去體驗的艱苦過程，而我們觀眾的滿足感，也恰恰來自於他們對一個個困難的克服。

有一些時候，我們自以為能主宰什麼，但現實卻殘忍地告訴我們，對很多事情，我們都無能為力，常常什麼也控制不了。

而另一些時候，在一些我們覺得不可控制、無法逃避的災難面前，我們卻會發現，似乎天意有一雙手，在幫著我們——是感恩上蒼的眷顧，還是抱怨命運的不公，完完全全看我們怎麼去理解自己所遭遇的一切。

以索取之心看，上蒼冷漠，命運無情，地震、海嘯、洪災、土石流發生時，任憑千萬生靈塗炭。

以感恩之心看，上蒼有愛，命運有情，為了成我、救我、度我，他們使出種種招數，叫我們放下外界或內心加諸於我們的困擾，讓我們歷經千難萬苦後去體味屬於生命本身的快樂。

像自己想成為的人那樣去生活

如果你真的相信自己，並且深信自己一定能達到夢想，你就真的能夠步入坦途，而別人也會更需要你。

——戴爾・卡內基

有一部電影，名字叫《天賜良醫》，主人公是一個名字有點女孩氣的黑人維維安。在種族歧視的環境中，他只能從事最低等的職業——維修工。由於父親就是個木匠，所以深得家傳的他幹得一手漂亮的木工活，如果他在木工行業奮鬥下去，可能會成為一個手藝精湛的木匠；如果他屈從社會現實，在別人給予的空間裡掙扎著勉強過完一生，那麼，他只會是一個三等工。不同的是，這個三等工還有著當醫生的夢想——在二十世紀三〇年代，那是美國種族歧視的黑暗時代，當醫生只是白人男性的特權——他的「命」恐怕算不得好。

為了實現上大學的夢想，他在高中時期便開始存錢，可惜，他存了七年的學費，卻因為銀行的倒閉而分文無歸，夢想破滅的他只能靠著做維修工、清潔工來維持最基本的生計。我無法試想如果他順利上大學，是否會有另一番更為順暢得意的人生；但可以肯定的是，去霍普金斯大學給著名的心臟外科醫生教授當清潔工並不是那麼壞的一件事兒，因為教授發現了他醫學方面的特殊天才。

當然，在最初的時候，教授並不看好他，甚至不認為他幹得好清洗工作，但維維安很快用自己異常的靈巧和聰明證明，他完全勝任清洗工作。不只如此，每次做完工作後，好學的他總是在研究醫學書。有了這一份對醫學的熱愛，便注定他不會只甘心當一個勤雜工，他終於穿上了外科技師的外衣，與教授一起工作。在兩人合作的前十多年裡，維維安完全是身邊一個沒有任何名分的助理，工錢拿的是最低的，實驗室研究工作的等級也是最低的。窘迫的處境和旁人的白眼，他全忍了，因為他委實太熱愛實驗室研究工作。

教授和維維安一起研究法洛四聯症——紫紺病的根治方法。紫紺病是一種先天性心臟疾病，死亡率百分之百，患者會全身發藍，所以也叫藍嬰症。有幾百個兒童死於此病，只有心臟手術能挽救他們的生命。但當時的社會普遍認為這是不可能做到的，因為在那個時候，心臟、血管和血流被認為是老天的安排，是不能改變的。醫學界也一致認為這種先天性疾病是不可治療的。因為當時的醫療技術並不足以做如此複雜的心臟手術，而且患病的是兒童，他們的心臟異常脆弱。

但高傲而自信的和富有天賦而堅毅的黑人維維安不想放棄，所以他們默契合作，從在實驗室複製病情機理到尋找解決方案，層級遞進，努力攻克每一個障礙。終於，他們通過分流技術，成功地在狗身上改變了血液的流向，取得了一系列重要的研究成果。經過幾年的研究和準備，他們終於即將進行紫紺病人的手術了，而做為主要助手的維維安，為手術進行了大量準備工作，甚至發明了專用的手術血管鉗。在手術過程中，沒有維維安在身邊，連手術都沒法進行，因為他需要維維安站在身後的凳子上，在關鍵時刻指導和糾正他。

看到這裡，怎麼看都像一個普通的黑人和白人的友誼兼勵志故事，但他們的「友誼」，遠不是普通好萊塢片子的煽情套路——維維安這樣重要的人物是個黑人，在那個種族歧視的年代裡，根本無法出現在公眾視線中。因此無論是論文的署名，還是在公開場合裡，教授從來沒有提起過維維安，並且表現得那麼心安理得——這種情形一直持續了十年之久。

令人尷尬的是，維維安要扮成侍者才能混進為自己和教授手術成功而舉行的慶功宴會。在宴會上，他聽到感謝了一堆人，卻唯獨沒有提到自己。羞憤和失望之下，維維安辭職離開了。可是他太熱愛實驗室工作了，幾年之後，還是走回實驗室，回到身邊。對這種完全不計名利，不計認可的「傻氣」行為，維維安本人感慨道：「我只是喜愛這個工作。」是的，對自己喜愛做的事，只要熱愛，就已足夠，能超越虛榮和榮耀，那一定是謙卑而偉大的人才能做到。

面對不公，維維安有著一顆堅忍的心；面對名利，他有著一顆平常心。沒有什麼學位，更沒有上過一天大學的他，卻擔當著老師的角色來教那些博士們。終於有一天，維維安的貢獻得到了醫學界的承認，霍普金斯大學的大廳裡，維維安和的油畫並肩懸掛在牆上。如今，只要搜索維維安・湯瑪斯的名字，就會了解到他後半生的成功和獲得的認可。那樣的結果是必然的，因為他的行為，讓他成為了自己想成為的人。如果他像常人那樣甘於平凡，甘於自己低人一等的階級劃分，那麼，世上只會多一個手藝不錯的木匠，而人工心肺的問世，可能要延遲好多年。

對於女性來說，可能更多地會把自己想得到什麼寄希望於嫁給一個好老公，但是，自己的命運已經有一半在老天手裡，如果我們再把剩下的一半交給另一個人，實在太不可靠了——因為那個人有半點閃失，我們就會失去全部。

說了這麼久，不過是想說，我們的認知，決定了我們的行為，放棄自己，就意味著放棄了未來和幸福，以被迫害妄想症的角度去看這個世界，最終可能真的會被世界迫害。

況且，在這個世界上，無論我們多麼小心地防備，都不可能擁有絕對的安全。無論我們多麼努力地占有，也不可能完全避免不可抗力因素。就像在《水滸傳》中最懂利害關係、最小心翼翼的林沖，反而處處被傷害，處處被算計，直到失去一切後才驀然反省，雖然不得已上了梁山造反，卻是個窩窩囊囊地來、窩窩囊囊地死了的人；心思精細的武松，最後在交戰中落得個斷臂隱居在六和寺；而粗枝大葉、從不計較的魯智深，卻得著了大圓滿的結局。鮑鵬山老師說得好：「靠小心保障不了你的未來，真正能保障你未來的，是大義。」這裡的大義，就是我們對不平的不屈服和不公的包容吧！

在希望遇到的人，希望置身的社會環境，希望擁有的幸福生活到來之前，請確保自己能夠做到足夠好；要求別人，要求環境，要求社會之前，首先想一下，自己是否已經做到了那些要求。

讓自己像自己想成為的人那樣去生活吧！如果你足夠自信，並且深信夢想一定能實現，你就會真的步入人生的坦途。

每個人都是自己運氣的上帝

自己就是主宰一切的上帝，倘若想征服全世界，就得先征服自己。

——海明威

恭喜恭喜，你成功地挑戰了自己對枯燥文字的忍受底線。我很高興，你居然成功地看到了這裡；我知道，你很不容易。事實上，我認為我弄出這堆文字來比你去忍受它的枯燥可能還要難一些，所以，既要恭喜你，也要恭喜我自己。

還要恭喜你的一件事是，讀到這一節，你會驚訝於自己的偉大。首先，你能來到這個世界，是因為幾萬億個游離的原子以某種方式構成細胞，各種類型的細胞聚集在一起，繼而以複雜而又奇特的方式聚集成了你的內臟、你的肌肉和神經。想想吧，自然界僅僅用不到兩百種元素就構建了世間萬物，其中自然界本有的元素還不到一百種，而你的肉身得在多麼專業、多麼巧妙的合作下，才能夠形成啊！特別是，變化的過程是無定規的，而從細胞質到有感覺，到能直立的人，再到高度智慧的現代人，要求人類在特別長的時間裡，要以特別精確的方式，不斷產生新的進一步的特點，這兩者能得到高度對立統一，本身就是奇蹟。

根據達爾文的進化學說，人類是從低等動物到高等動物進化而來的。那麼，在從生命產生的二十五億年來，你先是用了十億年的時間討厭氧氣，後來又持續製造並酷愛氧氣。你長過鰭，生出過腿和漂亮的翅膀，有過七八根手指，生過蛋，扭動過絢麗多彩而有斑點的身體，滑溜溜也毛茸茸過，住過水中、洞裡和樹上，曾經大得像小山，小得像老鼠……這些都是眼花繚亂的演變步驟的一環，只要發生哪怕最細微的一點偏差，你現在也許就會伸出長著六根手指的手，去整理鼻子上的角。

所以，幾萬億個游離的原子心甘情願或心不甘情不願地聚集在一起，運化並形成了你，只是你來到這個世界的部分條件。你還必須是生物方面一連串極不尋常的好運氣的受益者。你不光自己非常走運，在幾億個競爭者中脫穎而出，擁有了自己，繼承了一個受到複雜而完美的進化過程，而且從自己的曾曾曾祖先開始，就可以說是有著奇蹟般的好運氣。想想吧，在地球形成的三十八億年的時間裡，在有生命以來的二十五億年中，在這段比地球上的任何山脈、河流和海洋還要久遠的時間裡，你父母雙方的哪一代祖先都很有魅力，很健康，都能排除各種考驗，幸運地長大，都能找到自己的配偶，也都能順利完成生兒育女的任務。特別是靈長目這些勞苦功高的代代祖先，在漫長的幾千萬年的遷移中扛住了勞累，狩獵時沒有被猛瑪象或劍齒虎踩死，在冰川覆蓋大地時沒有被漫天風雪凍死，食物匱乏時沒有被餓死，成功地完成接力的每一棒，將前任積累的遺傳基因持續下去，直到賦予你。最後，你在一次特別的旅程中擊敗數億競爭對手，成功地占領了媽媽的子宮。

僅僅這些還不夠，媽媽躲過了各種可能，比如流產，比如遇上什麼意外，你才終於得以出生。此後，你的成長雖然也是磕磕絆絆的，但每天都有好運伴著你。你沒趕上大海嘯，沒被非典（ＳＡＲＳ）掠走生命，沒碰上大地震、龍捲風，也沒有在風災、水災、火災或車禍裡喪生……

至此，你是不是要承認自己的運氣好得驚人？或許你還會橫向或縱向攀比，得出你很不幸的結論，但那完全是自尋煩惱。正如組成你的粒子是為了讓你成為你一樣，你也只能讓你成為自己，而不是別人。如果你羨慕的不是別人具備的品質，不是別人達成目的的珍貴過程，僅是膚淺地嚮往別人更舒適的物質條件或更成功的狀態，便辜負了你做為那數萬億個粒子的主管者的使命。當你在哀嘆自己沒有一雙漂亮的鞋子時，還有人生下來就沒有腳；當你在為自己沒有良好的家世供你依靠時，還有人正在生不如死的病痛裡掙扎；當你在為自己沒有俊美的容貌和過人的智慧哀嘆時，還有人在渴望擁有一張正常的臉，只求出門不被圍觀就行。

要知道，你的運氣好得驚人，如果你看不到這一點，只會埋怨命運，反覆去想不足之處，一味抱怨生活沒有給你快樂和幸福，你就真的會被生活掠走快樂和幸福，因為生活是位不喜歡別人看到他的不足或醜陋之處的暴君。

我看過這樣一個故事：

有一個國君，某天帶著大臣們一起出去遊玩，當他們乘船暢遊大江的時候，其中一位大臣痛苦地叫嚷起來，因為他怕水，有恐水症。大家都勸他：所乘的船很大，很平穩，很安全，不會有危險。然而，無論大家如何勸解，他都不能得到真正的安心。

國君被他的叫嚷擾得不勝其煩，於是，召集大家商量。然而，大家提出的多種辦法，都沒有任何效果，那個怕水的人依舊叫嚷不停。這時，一位大臣站出來對國君說：「大王啊，我有辦法！」

「愛卿，有什麼好辦法，快快請講！」

「大王，讓我去處理這個人，當他再回來的時候，我保證他不再叫嚷。」

「好！好！好！好！就依愛卿，快快去，寡人被他擾得心煩意亂！」

於是，這位大臣命人把那個叫嚷的傢伙扔進江裡。由於那人不會游水，所以在水中拚命求救，直到他在水中掙扎得快沒力氣時，大臣才讓人把他救上來。

此後，這個人安安靜靜地待在船上，再也不驚恐地叫嚷了，因為此時他感到比起水中的萬般掙扎，船上的晃悠真是讓人安心極了。

就像這個寓言那樣，當你在船上還怨聲載道的時候，你將會失去船。命運之際遇不可能說改變就改變，不要用隨便咆哮惱怒了生活。

很多時候，我們是不是也像這個叫嚷的人呢？我們抱怨生活不好，抱怨家庭不好，抱怨妻子不溫柔，指責丈夫不關心自己，抱怨自己工作不如意，抱怨自己不夠有錢……我們卻不知道，其實，我們現在的生活，現在所處的位置，其實有相當的安全係數，至少，還有比它糟糕得多的狀況。

有時候，只消我們調整一個自己的心智模式，世界將會從此改變。我們沒有理由抱怨現在不好，只有理由更加努力，更加積極生活，只有理由感恩現在的生活，因為，我們的生活幸虧沒有更糟。正如那個在船上叫嚷害怕的人，恐懼是因為他沒有經歷過掉入水中的痛苦，當他掉入水中，被人救起時，他才明白，原來身在船上是件多麼幸運的事！

我們要做自己的上帝，更要把握自己的運氣。要知道好運氣一直追隨著我們，我們的生活才沒有變得更糟。更不要在真正糟糕的生活來臨時，你才留戀之前生活的可愛之處。

真正的生活就是全心全意做你喜愛的事

我可以拿走人的任何東西，但有一樣東西不行，這就是在特定環境下選擇自己的生活態度的自由。

——弗蘭克

記得多年以前，我是一個寫作的票友，偶爾能有一兩篇生拉活扯，毫無靈魂與感受的小豆腐塊發表，而且基本還都是模仿的，少有人鼓勵，多半都是嘲笑和批判。如果有稱讚，唉！那多半是別有居心的小男生刻意為之的。

有一個最為看不起我的人說：「丫頭啊，妳再寫也寫不成郭敬明！」我聽了頗為惱火。先別說我寫不寫那類文章，就算我真要寫，我也不是為了成為他而寫。我可以幻想著賣字為生，但絕不是為了成為另外一個人。我看那小張柏芝到現在也沒能成為真正的張柏芝，小輩俐也一直沒有什麼消息。

當一個人想要成為另外一個人的時候，恐怕他不僅成為不了另外一個人，還會把自己賠上去。

努力成為別人是件極傻氣的事。我們的使命就是為了成為自己，不然人類何必陰陽交合化生萬物，還要經歷成長苦痛歡樂惆悵那樣複雜？直接像我們製造產品一樣，研究批量複製就成了。

其實我非常地崇拜過兩個作家，一個是慕容雪村，一個是馬大志。不過模仿過一陣後放棄了，我確實舞弄不了那種在極致的華美中體現極端尖刻的文字——這使得我對好些批判我文字過於華美極端的人表示非常不解。

要寫慕容的文字，文學辭藻也許好解決，弄本大詞典，或打開《漢典》，我也能弄出來。但要模仿出他文字裡的妙喻，就不可能做到了。他能用「團結緊張，嚴肅活潑」來形容與熟女的交歡感覺，這種特殊的表述，如果沒有特殊的體驗和特殊的視角去觀察，是寫不出來的——我就寫不出這麼精妙又貼切的文字，就像我沒法像李承鵬一樣，把央視大樓比作大褲衩，又把售樓比喻為兄弟部隊的熨斗。

我也模仿過如再世莊子般的散文名家劉亮程，但是我學不會像他那樣觀察和體驗萬物，更做不到不堆砌引經據典——用現成的話表達自己的見解則比較省事了，誰叫本人就是思想上的巨人，行動上的矮子呢？

又比如馬大志的文章，沒有極其古怪刁鑽地看問題的角度，不努力加強文學詞彙積累，根本寫不出來：「這傢伙一晚上也沒消停，時而趙瑟初停鳳凰柱，時而楚琴欲奏鴛鴦弦，直到快天亮我才迷糊了一小會兒。」真的，我寫不出來。當然，如果強要模仿，我也可以百度加《漢典》，湊出什麼「一談起愛情那就是江河水潤筆昆侖制圖章一般的宏論，幹起活來卻一心兩用除了知道暗藏弓履偷寄香翰之外啥都提不起來，真是醯雞處甕夏蟲不可以語冰。」雖說可以拼湊出一些生僻詞句來顯示自己高端大氣上檔次，可惜由於沒有這方面的特長，製造不出什麼精髓，到底是放棄了。

其實，每一個人都是靠自己的特點活著，誰也不可能真的模仿得了。就算勉力為之，也只會事倍功半，得不償失。

就像大衛．賈柏拍攝的記錄日本唯一一家三星壽司店主小野二郎的電影《壽司之神》中的一段對話那樣：「沒有誰能成為二郎，就算長子做壽司的手藝像二郎一樣好，別人也會覺得他不如二郎。除非，他的手藝可以超過父親兩倍以上，別人才會覺得他可以勉強與二郎相比。」

這讓我想起天花天子評點的小說《後西遊記》來。有人說，《後西遊記》並不見得比《西遊記》遜色，於是我抱著好奇之心看了一大半，從一開始就覺得立意已差，再看過程除了換了人，孫大聖變成孫小聖，求真經變成求真解，其他的一脈相承，就感覺索然無味了。唯一有亮點的是索要龍馬一節，竟然索了背負河圖、開文字歷史的龍馬去，也算不辜負伏羲哥哥了，但一見後面又把它封職為天龍八部（硬傷，只能封天龍，或封為八部中的龍眾成員），就更加鄙視了。真是狗尾續貂，結果還畫虎不成反類犬了。

當然，實際上可能沒那麼差，只是模仿或後續之立意，本事就會打去大半折扣，何苦呢？豬鼻子插蔥也裝不了象，與其為了成為別人而辛苦扮演，還不如為了成為最好的自己而努力。

兩年前，一個還挺有寫作天賦的作者對我說，那個批評我永遠寫不成郭敬明的人又去說她不是寫作的料，寫了也出版不了，還有別的一串打擊云云，她很傷心……

我就特別奇怪這兩人，一個自己什麼都沒寫，就因為別人的胡說而洩了氣，完全沒有一點自主權——有時候，自我肯定、自我相信、自我激勵，是我們最大的權利；另一個呢，成天說這個寫不成莫言，那個成不了郭敬明，人家連孕都沒有懷，你就在那說人家的孩子長大沒出息，是不是太過分了？這位驚天地泣鬼神的偉大批判家自己好像沒有寫出過十本八本駭俗之作啊，連俗作也沒見著一本呢！

所以不僅飯不能亂吃，話也不能亂說。其實沒有絕對意義上的自由，言論同樣如此。當然，如果一個人願意承擔自己亂說話的後果，例如被討厭、被回擊、被鄙視等，我也不反對他亂說。

還是那句話，我們雖然生來必須接受一些做為社會性生物的束縛，但是我們不是為了成為別人，而是要用一部分的束縛去交換一部分自由，在這少量的自由裡成為真正的自己。

《萬物簡史》中有句話滿好的：「我們要做自己的主人，做自己的上帝。」很多事，也許看來沒什麼價值，或者收益，當然不包括違法的，我們自己喜歡就好。就像電影《天賜良醫》中維維安的老爸說的那樣：「只要熱愛，就已足夠。」

如果我們做某件事時汲汲希望於別人肯定自己，只能說明，我們對那件事不夠熱愛。你若都放棄了自己，就沒有人不會放棄你了。學會不被別人的胡言妄語左右，才能開始做自己的主人。雖然很多時候我們需要聽取意見，但聽取意見不是一味在意別人怎麼說，或讓別人的意見左右自己。

小女孩索尼亞的家住在郊外，她在農場附近的小學裡讀書，常常被同學欺負。有一天，她滿臉淚痕地回到家裡，父親問她原因，她戚戚哀哀地說：「班裡的同學都說我長得很醜，還說我跑步的姿勢很難看。」

父親聽後笑了笑說：「我能摸得著我們家的天花板。」

索尼亞聽後覺得很奇怪，不知父親想說什麼，她停止了哭聲，問道：「你說什麼？」

父親又重複了一遍：「我能摸得著我們家的天花板。」

索尼亞仰頭看看天花板，天花板將近四公尺高，父親怎麼可能摸得到？所以她怎麼也不相信。父親笑了笑，得意地說：「不信吧？那你也別信你同學的話，因為有些人說的並不符合事實！」

索尼亞明白了：任何事，都不能太在意別人說什麼，要按自己的想法去做。很多時候，別人的資訊明顯是主觀、武斷的，我們根本沒有必要完全相信。

《阿甘正傳》裡說：「生活是一個裝滿了各種味道的巧克力的盒子，你要不打開吃的話，就永遠不知道自己拿出來的是什麼口味的。」借用這個比喻，我們也可以說，別人永遠不能代替你判斷或選擇你最喜歡的口味，在很多時候，選擇自己的生活狀態，以自己喜歡的方式過一生，做自己喜歡的事情，便是自己最大的分內事。

你懂得的只是你以為你懂得的

教育不是到二十一歲就停止了，一直到死你都在學習。人生就像一條河，它永遠都是流動不息的。它是活生生的。有的人只抓住河流的一段，卻自認了解了全部，其實他抓住的只是一潭死水。如果我們不能隨著河水同行，我們就會被遺棄。

——克里希那穆提

曾經有一類學問叫「格致學」，有一類人叫「格致學家」。我先前對這概念很模糊，後來才知道，那就是物理學和物理學家；起初對「格致」這兩個字不太容易理解，後來才明白，那是「格物致知」的簡稱。

格物致知這四個字，出自《禮記》的「致知在格物，物格而後知至」這句話，由於其不太好理解，中國人研究了兩千年之久，一直將其研究成了高深的學問。在我看來，所謂「格致」大致有兩種含義：一是世間萬事無所不能理解，無所不能接受，於是心生大仁而不在意一己一物的悲喜；二是福來不喜，禍至不悲，是心靈的最高境界。

格致是中國哲學的基本命題，後來雖然把格致的名字換成哲學，但就像胡適總結的「凡研究人生且要的問題，從根本上著想，要尋求一個且要的解決」的哲學思考，一直沒有中斷過。

北大教授樓宇明曾開過玩笑說，北大哲學系是全國最有名的長壽系。有人好奇地問緣故，九十多歲的樓老教授說：哲學讓人明理，大家不管遇上什麼事兒一想就想通了，就不容易生氣，不容易生氣，就不容易有因情志不穩定而產生的疾病，所以，我們系的人基本都很長壽。

哲學讓人明理，而學哲學最要緊的便是閱讀和思考，要想心智成熟，多讀多思考，是件必須進行的事。所以，心中有不滿時，與其折騰別人，不如拿折騰的力氣去看點讓人明理的書。

有一些書，看上去極淺，實際上卻極深，若只匆匆瀏覽情節，只會了無所得，說聲「不好看！」白白糟蹋經典，枉費大好時光。但，經典往往是以極淺道盡極深，也正如極高明的人才能解釋得了極平常的中庸之道那樣。

就像讀《西遊記》，越品越覺得這本書耐得了思考，禁得起尋味。如果我們僅僅把它當成一本神魔小說，那它的故事情節看起來只是簡單有趣，連小學生都可以看，但其中似乎與情節無關的渲染卻又連篇累牘，這些內容一般被跳過去看；但如果我們真有耐心去品其間滋味，會發現它其實是一部融會了儒道釋思想精華且邏輯嚴密的心靈成長小說——當然，如果你熟悉丹道養生的一些知識，也可把這本書視之為丹道修真養生指南。

有種解讀說，《西遊記》不是唐三藏的西行求經記，而是寄居於唐代高僧玄奘法師中的玄藏及其四個弟子的西遊成長記，他們是喻火臟心的悟空、喻水臟腎的八戒、喻土臟脾胃的沙僧以及喻木臟的白龍馬。這種安排在小說中的大篇幅渲染中處處有暗示，孫悟空又叫金公，豬八戒叫木母，沙僧叫黃婆，甚至白龍馬也有暱稱，叫姨媽，不好意思，是意馬。

細細說來，玄奘的名字便大有玄機，玄奘的「奘」即「藏」便是髒，玄意味著「變」，玄也是北方黑水之色。合先後天八卦可以知道，先天為坎水，後天為兌金，金為肺，所謂玄藏，就是肺臟。肺主皮毛，所以書中唐僧的形象很好，人見人愛，妖見妖搶；同樣的道理，名字叫心猿，五行為火的悟空，之所以在小說中又叫金公，這是因為他原本是大地之土所生，五行屬土，土生金，所以叫金公，他對應的五行也是經後天變卦才成了火的。

對照中醫理論，五臟主一切情志，我們的所有喜怒哀樂都從五臟而起，而心又主神明，為五臟之首。所以，如果把《西遊記》中的所有人物喻象都梳理清楚，我們會發現，它整個是一個心（孫悟空）的西遊記，是心靈成長記。

按傳統的說法，心之神明決定了喜怒哀樂，所以，闖禍與解決問題，都交給了大師兄孫悟空；肝之氣最需下降，那樣才能安魂，肝主木，所以馱肉體的任務就交給了我們代表木臟的小白龍承受；脾胃為肉身能量的一切來源，所以，裝供給品的擔子，要我們的沙僧同學去挑；腎為先天活力與秉性之本，所以食者、色者之任務，都由八戒去完成，他很樂意去做就在意料之中了，因為正合其本性；肺的收斂力與平衡力則可體現出我們心靈健康了，心平則氣和，所以，那個華美的肉身大和尚，整天不是緊悟空的箍，就是叨八戒的怠，只有任勞任怨的沙僧與小白龍很少被約束。

真正的行者，是那由心肝脾肺腎組合起來的團隊，而不僅僅是一個叫行者的孫悟空，即使團隊中他最重要。

前文說到過，感受，是我們資訊很重要的來源，但我們都為俗事牽絆，所以多數時候，只能根據感受的苦樂進行最簡單的選擇，很少有人去關注感受是如何影響我們的。如果先天運氣足夠好，天性清心寡欲，那倒可以不怎麼去關注感受。若是我們整天愁眉苦臉不想著找解決的途徑，也不必理會那些感受，任其幸福著它的幸福，痛苦著它的痛苦。但如果我們希望尋找一種根本之法，擺脫感受加諸於自己的各種苦惱束縛，那麼就必須要關注感受是如何影響我們，進而影響我們的人生了。

我們的感受能力包括眼之能見，舌之能嘗，鼻之能聞，耳之能聽，身之能觸以及意之能斷，這被叫做六情，因為它們的片面性，會影響心對資訊的準確判斷，所以有句話說「應懺悔六情放逸」。很有意思的是，《西遊記》中的心猿悟空，做了唐僧的徒弟後，幹的第一件事就是殺六賊。

且看書中說：

行者的膽量原大，哪容分說，走上前來，叉手當胸，對那六個人施禮道：「列位有什麼緣故，阻我貧僧的去路？」那人道：「我等是剪徑的大王，行好心的山主。大名久播，你量不知，早早的留下東西，放你過去。若道半個不字，教你碎屍粉骨！」行者道：「我也是祖傳的大王，積年的山主，卻不曾聞得列位有甚大名。」那人道：「你是不知，我說與你聽：一個喚作眼看喜，一個喚作耳聽怒，一個喚作鼻嗅愛，一個喚作舌嘗思，一個喚作意見欲，一個喚作身本憂。」悟空笑道：「原來是六個毛賊！你卻不認得我這出家人是你的主人公，你倒來擋路。把那打劫的珍寶拿出來，我與你作七分兒均分，饒了你罷！」那賊聞言，喜的喜，怒的怒，愛的愛，思的思，欲的欲，憂的憂，一齊上前亂嚷道：「這和尚無禮！你的東西全然沒有，轉來和我等要分東西！」他掄槍舞劍，一擁前來，照行者劈頭亂砍，乒乒乓乓，砍有七八十下。悟空停立中間，只當不知。那賊道：「好和尚！真個的頭硬！」行者笑道：「將就看得過罷了！你們也打得手困了，卻該老孫取出個針兒來耍耍。」那賊道：「這和尚是一個行針灸的郎中變的。我們又無病症，說什麼動針的話！」行者伸手去耳朵裡拔出一根繡花針兒，迎風一晃，卻是一條鐵棒，足有碗來粗細，拿在手中道：「不要走！也讓老孫打一棍兒試試手！」唬得這六個賊四散逃走，被他拽開步，團團趕上，一個個盡皆打死。

好個悟空，這樣簡單粗暴霸氣側漏地便了卻了自己的情欲之患，但是我們凡人呢？卻不得不終生受情欲的困擾。

凡人最苦的只有兩件事，一是憂怕，一是貪愛。

憂怕，是憂慮不可預知的可怕事件；貪愛，是貪求一切可以增強自身安全感與愉悅感的可愛之物，我們因此愛錢、愛權，沉溺於情感中。越是害怕，越是貪愛；越是貪愛，越是痛苦。情欲是繁衍的偉大本能，但它卻又成為了通向快樂幸福的最大障礙。

春雷乍響驚蟄日，江南春雨後，霧氣縈繞中，一千歲的白蛇和五百歲的青蛇幻化成了人形，結伴到西湖漫遊，誤吃了呂洞賓的七情六欲丸後，春心蕩漾，情願步入紅塵歷經凡間的憂怕貪愛，過那種卿卿我我的恩愛生活。在西湖斷橋上，白蛇被藍衫少年吸引住了，這一歷史場景，在李碧華的《青蛇》中有這樣的記載：「好個美少年，眉目清朗，純樸、虔誠。身穿藍衣，頭戴皂色樸頭，拎了紙馬、蠟燭、經幡、錢垛等，來追薦祖宗。只見他與和尚共話。隔得遠，聽不清，但那一心一德，心無旁騖之情，卻是十分動人。」縱然是神仙，也敵不過藍衫少年許漢文眉目間的溫柔。即使道行高深，也會因為男人的一句諾言，苦苦守候，憂思斷腸……

情欲生於感受（我們的識），感受又生於我們的六根，六根則根據資訊對我們形成兩種感受刺激的來源，一是由外部刺激作用於感覺器官而引起的感覺，包括聽覺、視覺、味覺、嗅覺以及皮膚感覺（包括痛覺、溫覺、冷覺與觸覺等）；後者是由身體內部的刺激所引起的感覺，包括運動覺、平衡覺與機體覺（又稱內臟感覺，包括渴、餓、脹、噁心、窒息、疼痛等）。

但由於覺知力的有限性，六根之見，往往是片面的，甚至只是九牛一毛，如果我們根據這些片面的資訊進行全局趨勢的判斷，恐怕在絕大多數時候，我們的判斷都會出錯。所以，情欲是我們進行明智選擇，達到幸福彼岸的最大障礙。

打個比喻，我們把人生視為銀行，把情欲視作自動安全警報系統，如果有盜賊，自動安全警報系統就會發作。這個自動安全警報系統有一個最大的毛病，就是只能根據一點點表象去判斷外界，比如我們會把戴墨鏡，長相有邪氣的人都歸為危險對象，結果我們悲催地發現，在很多時候，我們成天思考安裝安全警報系統作響的問題，忘記了自己的主營業務。而另一些時候，真正的危險來臨時（比如一個美女來為打劫踩點，一個衣冠楚楚的傢伙來騙貸），我們卻渾然不覺，在警報系統缺陷之外放鬆的結果不言而喻。可惜啊，我們中的絕大多數人都成了警報系統的奴隸和受害者。

佛語所謂的無明，就是說我們因為不能洞悉一切，在偏知偏見裡選錯做錯。而我們的偏知偏見，即是情欲這個不靠譜的警報系統的漏洞。情欲式的資訊只會讓我們深陷情欲裡不得真知，要想擺脫偏知偏見，唯一的辦法是獲取理性的資訊——來自於他人的思考精華，來自於智者的引導，而這些，多數都在書裡。自主學習能力的強弱決定了我們能多大程度地感受幸福。越明理，困惑也越少，怕與貪也會越少。那時，或許我們會發現自己曾經的行為有多不可理喻，曾經的苦惱有多不值一提。而明理的最佳方法之一顯然就是讀書。所以，當你不快樂的時候，讀書吧！讀那些有思想有見解的書，讀那些經過時間檢驗的書。

讀書，雖然有時為了享受消遣打發時間，有時也應付考試和充電的要求，但最好的目標莫過於滿足內省的需要。其實我們的智慧來源，一般只有三種：生而知之的本能，困而知之的覺悟與學而知之的習得。本能顯然不足以讓我們應對社會性需求；困而知之的智慧雖然會很深刻很有用，但是一個人生命有限，我們不可能指望自己能歷經所有去了解別人早就弄明白了的事情。好書珍藏著一個作者可能終其一生才得到的智慧，我們只需要用幾小時、幾天頂多半個月就能獲得人家一輩子所有智慧，所以說學習和讀書是一件多麼划算的事啊！

有智慧的心是會永不停止學習的，因為很多時候，你以為你懂了，其實那只是你以為的你懂，而並不是真的懂了。

PART 3

請在哭泣後，接受這個你無法改變的世界

如果人的一生都沒有為什麼理想而嘗試過放棄安全感，
恐怕是一種最大的遺憾。
如果我們都沒有去努力過，
又怎麼可以說努力了也不一定會成功？

生命中的痛苦是鹽，它的鹹淡取決於盛它的容器

人生唯一的安全感，來自於充分體驗人生的不安全感。

——M·斯科特·派克《少有人走的路》

一位禪學大師有一個愛抱怨的弟子。有一天，大師派這個弟子去集市買了一袋鹽，弟子回來以後，大師吩咐他抓一把鹽放入一杯水中，然後喝一口。

「味道如何？」大師問道。

「鹹得發苦。」弟子皺眉回答說。

隨後，大師帶著弟子來到湖邊，吩咐他把剩下的鹽撒到湖裡，然後說道：「再嘗嘗湖水。」

弟子彎腰捧起了湖水嘗了嘗。

大師問道：「什麼味道？」

「純淨甜美。」弟子答道。

「嘗到鹹味了嗎？」大師又問。

「沒有。」弟子回答。

大師點了點頭，微笑著對弟子說道：「生命中的痛苦是鹽，它的鹹淡取決於盛它的容器。」

你願意做一杯水，還是一片湖？

很多時候，我們之所以痛苦，不是因為生命中的磨難太多太深，而是因為我們的心量太小，無法把痛苦消融於無形。當然，心量狹小，完全是因為我們非常依賴外界，而我們對自己非常依賴的東西又非常缺乏掌控力，所以我們極度沒有安全感，才變得那麼疑神疑鬼、小心翼翼。

禪學大師的機鋒很精采，但是，佛理或禪理的一個最大特點，或者說可稱之為缺點的優點便是：它只有比喻。比喻固然可以讓人懂得論主的表意，但需要對方有悟性，而且無跡可尋，往往只能讓人一時豁然開朗，而不是從根本上知道自己究竟哪兒出了問題。比如上面這個故事，弟子很容易明白自己之所以有諸多不滿意，是因為自己氣量狹小，但自己為什麼會氣量狹小，為什麼總是抱怨，恐怕就沒有細究了。

抱怨有很多種：一種是被喝使，身體沒有自主權，用大白話說便是要受別人的氣。我們會因為欠缺最基本的自主權利而痛苦地抱怨。

一種是期待落空。比如媽媽希望孩子好好做作業，可孩子就是不聽話；妻子希望老公能記住自己的生日，可是這次老公還是忘記了；婆婆希望兒媳下班之後能多做點家務，不要使喚她兒子，可是兒媳動不動就讓她兒子代勞……建立於別人身上的期待被打破後，就會有抱怨，這是一種欠缺外界的控制權的抱怨。

還有一種是第二種的衍生，即希望破碎。一個辛苦把老婆供完博士的男人，沒有得到老婆的恩情回報，男人會抱怨；一個終日為了丈夫而忙裡忙外還被嫌棄，得不到自己預期之中愛的回報的女人會抱怨……如是種種抱怨，其實可以歸納為一種：外界不以自己的意志為轉移。

我們往往不會抱怨自己不依賴或沒有利害關係的對象。比如我絕不會抱怨對門那女生對我不友好，因為我不和她交往；我絕不會抱怨鄰居沒有錢，因為我又不打算和他們深交；我更不會責備樓下超市的小女生在工作中偷懶，那關我什麼事？但我肯定會抱怨男友一些行為讓我為難，因為我真的為難了；肯定會抱怨公司同事愛說話，因為那有時會打斷我的思路，影響我思考；我肯定會抱怨父母不體貼，因為他們總拿我和別人比婚姻、比出息，打擊我的自尊或給我製造精神騷擾；我也肯定偶爾會抱怨快遞員的延誤，實在總是害我白等，我那麼急著看資料；我還會抱怨衣服又小了，剪刀又不好用了，下了雪路不好走了……一切的一切，都是因為與我有直接關係，才成為了被我抱怨的對象，且總得拂了我的意，我才會抱怨。

一切一切的負面情緒，都來自於缺乏安全感。

中國人是全世界最缺乏安全感的，因為很多人沒有恆產權。孟子說：「民之為道也，有恆產者有恒心，無恆產者無恒心。苟無恒心，放僻邪侈，無不為已……」被剝奪了安全感會如何？人們會為了尋找依附，尋找最基本的安全保障而不擇手段。倉廩實才能知禮節，饑寒則只能起盜心了，因為任何時候，生存下來是一個人最大的道德。君不見《易經》曰：「天地之大德曰生。」天地況且如此，更何況我們只是芻狗小民？所以，追求安全感，是一件非常合理的事。

人本主義心理學家馬斯洛給人的需要層次分成了五層，即生理需要，安全需要，歸屬與愛的需要，尊重需要和自我實現的需要。其實我個人認為要調下順序，在所有需求都是安全需求，其次才是體現安全需要的幾個類別。

我們的安全感來自於高一級的控制感和低一級的確定感。控制感則通過自我（意志）實現和被尊重需求的滿足來達成；確定感則通過被愛找到歸宿，滿足基本生理安全需求來得到實現；處於最底層的是最基本的生理安全需要。古話說「螻蟻尚且偷生」、「好死不如賴活著」說的就是最基本的肉體安全。尤其如果處在極其殘酷的環境中，為了可以活下去，我們往往可以先犧牲掉一些東西，不追求自我意志實現，不追求被尊重，也不追求什麼被愛，有無歸宿，只要可以苟全性命，挨點打罵，受點饑寒，我們都能忍受，只要能活下去。

對於生理安全需要，馬斯洛這樣說道：「幾乎一切都不如安全需要重要，甚至有時包括生理需要。」基本生理安全需求是其他一切需求和確保其順利實現的總變數，用大白話來說就是「身體是革命的本錢」。記得一個有被迫害妄想症患者向我傾訴說，她追求的是身體和心靈的雙重安全感保障——很合理，我們每個人都有這種追求，它意味著我們在客觀環境方面沒有威脅，在心靈的主觀感受上也沒有任何恐懼情緒。我們的安全感，指的就是我們心靈在主觀上沒有恐懼情緒，而安全感的主要需要體現在確定感和控制感兩方面。

一、確定感。

說確定感得先說不確定感，當我們對一件事情沒法給予恰當地分類，判斷它的利害時，就會產生不確定感。

比如：（1）如果一筆生意A可以穩賺八百元，另一筆生意B有百分之八十五的可能性賺一千元，但也有百分之十五的可能分文不賺。你選擇A還是B？

（2）如果一筆生意A要穩賠八百元，另一筆生意B有百分之八十五的可能性賠一千元，但也有百分之十五的可能分文不賠。你選擇A還是B？

在第一種情況下，有百分之八十四的人選擇A，說明收益的框架下，人們是風險迴避者；在第二種情況下，有百分之八十七的受試者選擇B，看得出來在損失的框架下，人們是風險尋求者。就是說，在收益框架這個安全情況下，人們多數會尋求確定感，在確定的收益和「賭一把」之間進行選擇時，多數人會選擇確定的好處，正所謂見好就收，落袋為安，

這就是「確定感反射」。

而在損失的框架下，人們卻願意在確定的損失和「賭一把」之間選擇後者，因為不確定的那一部分沒準兒可能僥倖規避掉更多的損失。為什麼呢？選A無論如何要損失八百元，但選擇B，錯了也不過多賠兩百元，對了卻可以少賠一千元，我們的實際計算是拿兩百元去賭一千元的輸贏。當實際損害增加的邊際效應很小，而收益的邊際效應增加極大時，人們就會鋌而走險。

但是，在沒有比較的情況下，到底多安全才算安全？可能很難會有標準答案。因為無論是社會，還是家庭，抑或是我們自己，都只能提供有限的、相對的安全需求滿足。世間並無絕對的安全感，就算我們控制了地球，還會怕太陽風暴的襲擊和行星的撞擊；就算我們控制了整個宇宙，我們很可能還會擔心宇宙內部不安寧和另一個宇宙的影響。於是，一種客觀心理描述性問題成為了一個主觀的「安全感」問題，其原因在於，我們是無法完全消除風險的，只能儘量避免風險或使其損失最小化。但安全感是一種主觀感受，它雖然受到客觀安全條件的制約，卻並不完全受制於客觀安全條件，因為外因需要通過內因才能產生作用。

在我看來，不安全感包含認知性和情感性兩種成分，安全感同樣也包含認知性和情感性兩種成分，即認知性安全感和情感性安全感。也就是說，安全感是一種基於認知而產生的並且包含認知成分的一種情感體驗。但是，與其說安全感是一種情感體驗，倒不如說安全感是一種感知經驗。因為不論是安全感還是不安全感，都是建立在過去經驗的基礎上而對現在的狀況進行評價或對未來進行猜測的。

這說明了兩點：

一、你有沒有安全感，完全由你個人的感知力去決定。

二、安全感可以通過提升認知力來加強。

當一個人的知識可以突破「所知障」的時候，安全感就會大大地加強。比如，我們本能地知道，人是需要依賴他人才能活下去的，所以我們非常在意他人的看法。「所知障」又是什麼呢？由於我們知道自己必須在意別人的意見，結果處處以別人的意見為準則，結果無所適從、苦不堪言。

突破「所知障」是什麼呢？雖然別人的意見是對我們的判斷，但是，真正左右別人對我們判斷的，不是我們今天能否滿足張三的要求，也不是我們明天能否滿足李四的要求，而是我們一貫的行為是否可以形成良好的口碑，讓他人因為信賴我們而給予我們好評。但我們只專注於自己能否做得更好時，安全感就大大地加強了。

三、控制感。

無疑，有控制感是人的安全最有保障的時候，可以說，控制感是人的安全需要的最高層次，所以我一再強調，人類最大的恐懼之一就是害怕失去控制，人類生活最強的動機之一就是擁有對我們生活的控制，獲得並保持一種控制。然而，沒有誰可以隨心所欲，我們的安全需求永遠也不可能得到最大或永久滿足，因為安全只是相對的存在，而安全感卻又完全是一種主觀的感受。

所謂的控制感，只是我們的主觀控制感覺，而控制感分為「內控型」和「外控型」兩類。「內控型」的人相信一切際遇都是自己的努力和能力造成的，相信自己是生活的創作者；「外控型」的人則認為外界力量操控了自己的命運，他們不會積極地爭取自己的目標，只會期待他人去幫自己達成。

控制感是一種很大的自我滿足來源，一些看似重複繁重單調的工作，有的人卻能幹得不亦樂乎，這便是因為其中有控制感的體驗。（這就是為什麼沒有一種工作會完全沒有樂趣的原因，因為只要你真的付出努力讓其變得越來越可控，就會越有樂趣。）習得性無助是控制感缺失最極端的例子，在一個國外的動物實驗中，兩組被試的狗都要遭受同樣電擊，唯一區別是一組可逃脫而另一組不可逃脫。結果表明，不可逃脫組的狗很快就放棄了逃避的嘗試與掙扎，並且當不可逃脫組的狗處於新的環境時，即便牠們有能力逃脫，也就是可以做出一些控制行為，牠們也會放棄，牠們已習得了無助感。然而將先前可逃脫組的狗轉移到不可逃脫的條件下，牠們會不斷地嘗試去逃脫，並沒有像另一組的狗那樣，那麼快就放棄了嘗試。

人和動物一樣，都容易受習得性無助的影響，只要我們的努力總是看不見希望，那麼，我們就會放棄努力；而且如果一旦失去有著極高控制感的對象，我們就會非常脆弱。這一點在男女情感中表現得最為顯著。那些從來就留不住一個男人的女性，或者說從來也留不住老公的妻子來說，她們在遭遇男性的背棄時，雖然也會哀哀涕泣，但那些向來覺得「自己老公不怎麼樣」的人，比起「老公一直對自己很好」卻突然遭遇出軌或婚變的打擊的人來說，她們的悲傷就不足為道了，因為後者可能會產生精神崩潰。

「控制感」是指我們對自我控制能力的認知感受，當然也離不開「控制欲」這種對自身和客觀環境進行控制的主觀欲望。而控制感恰好是控制欲和控制力認知和調節的變數，如果控制欲和控制力兩者不相符，如一個高控制欲低控制力的人，會覺得世界充滿了不可控因素，從而產生不安全感；如若是一個低控制感高控制力的人，自己明明能控制的事件卻認為超出自己能力之外，就會顯得極度不自信。

由於認知力的偏差，我們很難讓自己的確定感和控制感都保持在正常範圍內。越是不確定，越是難以有控制感，越是沒有控制感，我們也越介意外在的環境變數。一個沒有控制感的人，經常會有膽戰心驚的感覺，一點點風吹草動，都會惹得她惶惶不可終日，結果淪為安全感的奴隸，甚至變成一個被迫害妄想症受害者。對「杞國有人，憂天地崩墜，身亡所寄，廢寢食者」的杞人，大家一般都當成一個笑話看，但在我看來，那個杞人卻是因為充滿了極度的不安全感，所以才表現得那樣憂心忡忡。

不要笑話總擔心天會塌下來的杞人，我們很多人其實也就是杞人，過多地被危機所困擾，淪為安全感的奴隸，拚命地尋求外在的保障，遇到事情便驚慌失措甚至神經兮兮，更多時候，會因為失去安全感而徹底絕望，卻不知道，沒準失去的只是枷鎖。

要建立真正的安全感，就要問一問自己，究竟想得到什麼，以及在得到的過程中能承擔得起多大的風險，給自己設定好合理的心理預期，就不容易在失去什麼的時候，變得那樣緊張和絕望。

生命中的痛苦是鹽，它的鹹淡取決於盛它的容器。減少不必要的控制欲，放大心懷，不計較一時的得失，才不會受到安全感危機的迫害。另外，有時候忽略細枝末葉也是一種寬容或放開，因為越是過多擔心細節，不敢承擔風險，就越會失去機會。

離開不要太悲傷，有些心情該釋放

人生而自由，卻無處不在枷鎖之中。他們自以為是其他一切的主人，卻往往比其他一切更顯得像是奴隸。

——盧梭

有一些故事，只有發生了一段時間後，才能回味出它的憂喜悲傷；有一些電影，只能在懂得了生活的一些滋味之後，才知道它的驚心動魄。

第一次看《楚門的世界》，雖然也覺得這部電影立意甚佳，但感覺其情節實在平淡無奇，看得讓人昏昏欲睡。我偶爾閃現的意志力，不過是讓自己跳過情節匆匆地瀏覽完，然後抱怨導演糟蹋了創意——好好的立意，就毀在了平淡裡。而今初識人生，明白了絢爛之極歸於平淡，有機會再次觀賞這一部電影時，才感覺真是太驚豔了。電影裡處處藏鋒，處處有玄機——當時覺得平淡，只是因為自己領會不夠罷了。

《楚門的世界》（The Truman Show）直譯是《真人秀》。主人公楚門的生活和其他人沒有兩樣：待在安全而舒適的桃源小島上，上學、戀愛、結婚、工作……有關心他的母親和漂亮的妻子，有無話不談的死黨，有穩定而順心的工作，閒暇時會修修草坪。他也有過夢想，本來想成為麥哲倫那樣的探險家，但由於在童年時親歷了父親溺斃事件，所以特別害怕水……他不敢坐船去對岸，不敢遠行，也不敢去追尋曾讓自己一見心動的女孩。上班時，幽默的他總會在出門時遇見抱著孩子的鄰居，那時他喜歡說一句特別俏皮的話：「早安。如果再也見不著，祝你午安、晚安！」

不過，一個偶然的事件，使他的一切開始改變。

那天，他像往常一樣去上班，忽然發現路上的一個流浪漢如此面熟，回頭一看，竟然看到了本已失事的父親的臉！兩人還沒來得及交談，一男一女就架著他的父親上了公車，車瞬時開走了。他回到家與母親激動地說起這件事，但母親的反應很平淡，說他一定看錯了。楚門說：不明白像父親的流浪漢為什麼會被架走。母親說：沒什麼奇怪的，政府本來就該驅趕走流浪漢。滿腹疑惑的他在第二天的報紙上竟然真的看到與母親的說法高度一致的報導：「政府驅趕走了流浪漢」。

從這件事情開始，楚門這個樂觀淳樸的小夥子逐漸發現周圍存在異常，包括母親和妻子都有奇怪的表現。於是，更多的疑點顯露了出來：一些人會定時地出現在他的視線中；只有當他來到公司時，其他人才正式辦公；他衝進一個從不去的樓層裡，發現裡面的電梯都是假的；當他要開車離開桃源這個地方時，路上必然全部堵車；他想坐飛機時，新聞中便都是關於飛機墜毀的宣傳；他去訂機票，結果要一個月後才會有位置；他坐上到芝加哥的大巴士，大巴士馬上就壞了……

原來他的生活，無處不被監控、安排著，他這才明白，學生時代的初戀時光為什麼那麼短暫，那個讓他心動的女孩為什麼神秘地對他說所有人都在騙他。原來，父親、母親、妻子、朋友、鄰居以及上司，上學、戀愛、婚姻、家庭、工作，一切的一切，全都是有人刻意為他安排的，他所居住的地方，只是一個龐大的攝影棚，而他，竟然是一場直播節目的主角，其所有的活動，都被安排在無數攝影鏡頭之下一覽無遺。

安全感是內心的篤實與坦然。反之，整天陷入惶恐與機械動作中，則毫無安全感，只會產生逃避的心情。

於是，他決定逃離，不出所料，陸地上所有的路都已經被堵住，唯一的出路是海洋，而那是他最害怕的地方。

但是，他寧願冒險，也不想過那種被人控制的生活，所以他終於在父親落水後頭一次跳進了小帆船，解纜滑向海洋。策劃製作這一切的導演連忙叫人去追，但諷刺的是，總停泊在港灣裡的司舵手只是演員，根本不會開船，只能眼睜睜地看著楚門離去。但是，導演彷彿真像楚門的主宰般無所不能，他啟動了風暴程式，試圖以死亡為威脅阻止楚門前行——海面上頓時勁浪滔滔，楚門駕駛的小船就像一片樹葉在波濤中顛簸，隨時都有可能翻船溺水。

對毫無個人自由和終日生活在控制之中的楚門來說，對虛假生活的厭惡遠勝於對死亡的恐懼，他寧願死亡也絕不回頭。終於，這場殘忍的全球直播挑戰到觀眾的良心底線，他們再也無法看下去，導演才不得不停止這場踐踏人尊嚴的遊戲。

疲累的楚門到達「天邊」時，才發現那些藍天白雲只是描繪在一堵望不見頂的高牆上的畫，惶惑的他只能一步一步地沿著牆走，最後，終於走到了桃源的唯一出口。

這時一個縹緲的聲音從空中傳來：楚門！

楚門：你是誰？

導演：我是創造者，創造了一個受萬眾歡迎的電視節目。

楚門：那麼，我是誰？

導演：你就是那個節目的明星。

楚門：什麼都是假的？

導演：你是真的，所以才有那麼多人看你……聽我的忠告，外面的世界跟我給你的世界一樣的虛假，有一樣的謊言和一樣的欺詐。但在我的世界裡你什麼也不用怕，我比你更清楚你自己。

楚門：你無法在我的腦子裡裝攝影機。

導演：你害怕，所以你不能走……你屬於這裡……

楚門：假如再也碰不到你……祝你早安、午安、晚安……

捨棄了一切後，他自由了！儘管今後面對的世界可能更加不堪，但是，他可以按照自己的心意進行自由活動！

這個故事如果代入心理學中去看，便能發現其精妙之處。假如，我們把桃源小島當成安全感，把海洋和風暴當成走出安全感必然要經歷的困難，再把其他演員當成與我們關聯著的各色人物來看，我們就會發現一個非常深刻的真相：楚門——即我們自己，從出生的那一刻起，就開始被世俗照著它的標準塑造著了。要我們結婚生子的父母，要我們供車養房的妻子，要我們努力工作的上司……他們希望楚門（我們）在他們的標準下生活，要我們這樣，要我們那樣。如果我們覺得有什麼不對，對自己的人生意義有所懷疑，他們就警告我們；我們想成為自己時，他們就阻攔；我們找好朋友傾訴，但好朋友也只想維持現狀，只會勸你回到原先的世界中，其實根本不關心真正的你的想法和內心，他只想完成自己做為朋友的演出任務；我們若要逃離身邊的環境，他們會告訴你說，你的想法有問題，會告訴你說外面的世界太危險，你必須要按照已有的生活方式去活著才安全，那樣他們也才安心。為了不使一個人去冒險，他們會把我們塑造成安全感的奴隸。

做為安全感奴隸（怕水）的楚門，突然發現身邊所有的人都左右著自己的生活，他只是要完成別人的期望那樣時，卻選擇了逃離所謂的安全感，因為這種感覺令人窒息。雖然每一種改變都不容易，我們可能好不容易走過了風浪，卻又撞上了牆，但只有堅持下去，才有可能找到出路。

很多時候，安全感就像是楚門的世界一樣，雖然看似安全，卻是牢籠。它會阻礙我們通向真實、豐富的世界，更會阻礙我們本身可以去實現的理想。而那些出現在生活中的配角，多麼像世俗與親友啊！一旦我們有點要成為自己的想法，他們便想方設法地阻攔，不把我們逼成子女的前傳、父母的續篇和朋友的番外就不肯甘休。他們熱切地參與了我們的世界，儘管只有我們自己才是最真實的，其實在我們的世界裡，別人都只是非主角的演員。可惜啊，那些一心塑造我們的人比演員要可憐得多，演員好歹可以有點片酬，但沒有既定報酬的親友們卻殷切寄希望於我們主動接受他們的意志，在他們的視界中生活。

很多時候，安全感是我們最大的障礙。親友沒有安全感，強迫我們按他們覺得安全的方式去活；我們沒有安全感，在無盡的恐慌裡四處尋找外界的攀附，卻不敢進行提升能力的一丁點兒「冒險」；一些原本極有天賦的人，因為不願意走出楚門的世界，結果把自己的能力和夢想都葬送在了楚門的世界裡。

難怪盧梭有言：「人生而自由，卻無處不在枷鎖之中。他們自以為是其他一切的主人，卻往往比其他一切更顯得像是奴隸。」此語實在是美妙地道出了人所要面臨的最大困境——掙脫束縛和尋求安全感。可惜的是，大部分人終其一生，都在試圖掙脫現有的安全感束縛與進入到新的安全感束縛中循環往復。

很多人（楚門的導演與配角，我們的親友）以為自己對他人的要求，是對他人的解救和幫助，只是他們不明白，去幫助和解救他人的前提是要先完成對自己的解救，就像那句諺語說的一樣：「當整個世界像一艘船一樣沉下去的時候，你最大的責任是要救起你自己。」其實，他們才是安全感的奴隸。

為什麼那麼多的安全感的奴隸不敢逃離？

第一道枷鎖是生存。由於我們必須為自己的安身立命而奔走，無暇去顧及其他，於是形成了一種線性的單一思維：我們覺得自己生活的目的是為了賺錢，且賺錢的唯一目的就是要避免自己沒錢，彷彿唯有金錢和收入才能讓你獲得相對的安全感。結果身陷對微小利害的斤斤計較中，只希望短平快地賺得足夠多的錢，而失去了對自己的清晰定位，也失去了開發自己天賦的動力，讓自己的夢想或天賦付之東流後，還感嘆自己曾經的「不成熟」。當然，道理說來簡單做起來難，但僅生存這一重枷鎖，就足以困住大部分人的一生。

第二道枷鎖是欲求。所謂欲求，是指超越基本需要的欲望。棉衣足以保暖卻思貂裘，謂之欲；五穀果蔬足以果腹卻思燕翅鮑參，謂之欲；愉快地贍養父母，工作之餘常回家看看盡享天倫，卻還想著怎樣滿足他們的虛榮或嚴苛的要求，謂之欲。很多時候，我們不願意掙脫的安全感，是害怕自己掙脫後失去別人眼裡的價值。於是陷落在一樁物質、有保障但沒多少精神生活品質的婚姻，一個薪水尚可但不能發揮天賦的工作中……

一旦有欲求就會出現行動上的局限，賣包子的往往會設想自己賣包子到極限能賺多少錢，做工程師的往往會設想自己給人打工寫代碼調設備到極限能賺多少錢，當老師的也往往會設想自己有朝一日全世界講課去一天二十四小時一週七天全部占滿後能賺到多少錢。若處於這些局限中，很難想像一個銷售可以去寫小說。

但人的偉大就在於自我完善的可能性，任何心靈上的枷鎖，都有可能被突破。只要我們改變思維模式，站到更高處去觀察和審視自己，不斷去思考和觀察打破原有思維局限的可能性。有一些欲望雖然是不可能消除的，但我們可以利用它，只是，在借助欲望帶來的動力的同時需要提醒自己，不要被它所奴役。

還有一些願望，如果我們不行動，又不想為之痛苦的話，就只能選擇死心。就像《少年維特的煩惱》裡朋友威廉對戀愛中的維特說的那樣：「你若愛夏洛蒂，要嘛去行動，實現你的希望，要嘛死了這條心。」

前GE總裁傑克韋爾奇在接受訪問中不只一次地提醒年輕人：「如果現狀已經叫你厭倦，如果不敢踏出新的一步，任何希望都免談，長久下去，喪失的是你的鬥志。才華，需要磨練。但你要先有鬥志。」

放棄世俗的安全感難嗎？也許更難的是我們難以判斷——放棄安全感後能否真正地走向成長，是否真的會走向理想，而不是更糟。

但是，如果人的一生沒有過為自己的理想而嘗試過放棄某種安全感，恐怕是一種最大的遺憾，如果我們都沒有去努力過，又怎麼可以說努力了也不一定會成功？德蕾莎修女說得好：「上帝不是要你成功，他只是要你嘗試。」

你總是知道的太少，而想要的太多

其實談痛苦並不需要講得太多，因為我們每個人都有痛苦。問題是我們永遠都在欺騙自己，就算我們有痛苦，也裝著不知道。

——宗薩蔣揚欽哲仁波切

很多人都很喜歡佛經中有一個詞叫「無明」，對於這個名詞，我個人理解的是：資訊不全面。這正與所謂的三明三達恰好相反，知宿世、知未來、斷盡煩惱的三明，不就是表示什麼資訊都可以隨心所欲地知道嗎？

由於肉身的最大局限之一就是資訊獲取不全面，所以大腦做為克服這一局限的工具而產生了，它努力獲取更多、更新、更全面的資訊，對這些資訊進行利害上的分析，然後做出對自己最有利的選擇。大腦對已經熟知且不會帶來嚴重損害和利益的資訊會產生疲勞和厭倦感，久而久之便會自動遮蔽這些「沒用」的資訊。

大腦的這種「遮蔽」功能隨處可見，比如風扇嗡嗡的轉動、穿在身上的衣服、椅子支撐身體而產生的反作用力等等。如果沒人特意為我們指出來，恐怕這些感覺很難引起我們的注意。是我們忘記了它們的存在嗎？不是。是它們的資訊單調、重複，早為大腦熟悉，知道它們不會產生利害關係，所以再也激不起我們的興趣，這就是所謂的「適應」。我們「適應」了各種平常的活動，所以大腦就忽略了它們的存在。

因為生存本能使得大腦只鍾愛於新鮮和直接產生利害關係的資訊，所以它會選擇忽視那些「平常」的感覺，只有變化的、需要回應的資訊，才能啟動它們——無論多麼微小的差異，腦細胞都會傾注全力找出其間的不同，擺出「我們可不想放過任何一絲資訊」的姿態——這就是為什麼半截話很吊胃口的原因了。雖然很多時候，知道另外半截話後，我們通常都會大失所望，但如果再遇上欲語還休的半截話，還是會產生強烈的知曉欲。不是我們過分好奇，大腦這麼做是有道理的，因為對那些不重要的資訊，沒有什麼利害趨使它迅速去分析，感知它們就等於浪費時間，所以大腦會選擇自動適應，還機智地把這些感覺調成背景，這樣，我們就能將精力集中在對更多更新資訊的獲取和分析上。

我們如此執著於外界資訊，完全是因為我們的資訊獲取不全面的原因。如果從這個角度看待很多事件，那麼我們便能知道很多問題產生的原因了：半知半不知的狀態最痛苦——因為倘若全都知道，會幫助我們做出最有利的選擇；全不知道，則沒有對比，也沒有什麼痛苦——古時候裹小腳的女人，並不見得比今天的白領女性不幸福，因為她們不需要適應辦公室政治和工作的壓力——「看山是山，看水是水；看山不是山，看水不是水；看山還是山，看水還是水」的人生的三重境界中，最糟的狀態就是第二重境界：「看山不是山，看水不是水。」

記得柏拉圖摘麥與女子覓夫的故事嗎？我們都知道該故事的目的在於告誡人們不要太貪心，不要因為過分苛求最佳選擇而失去唯一的選擇機會，但如果從生物本能需求來看，恐怕我們會得出不一樣的結論來。

某天，柏拉圖問他的老師——偉大哲學家蘇格拉底，什麼叫愛情。蘇格拉底以他一貫只實踐論證，不給具體答案的方式開始折騰後來和他同樣偉大的「小柏同學」，他說：「汝取田中麥一穗，要最大、最佳者，不可返取。」

聽話的小柏同學依師所言去了麥田，不久，兩手空空而歸。蘇格拉底問他為什麼一穗也沒有摘到，小柏同學很鬱悶地回答說：因為只能摘一穗，又不可以走回頭路，所以即使遇上一穗既大且成熟的麥穗，也不敢摘取，因為不知道前面是否還有更好的。但越往前走越覺得後面的麥穗比不上之前所見的好，就這樣一直走到了麥田的盡頭，白白地錯過了最大的那一穗小麥。

蘇格拉底告訴他說：這就是愛情。

而女人擇夫的故事說，有這麼一個實驗，女人可以穿過樓層選擇自己的理想伴侶，但是前提條件是只能上樓，不能下樓，於是一群女人開始了這次擇夫之旅。

一樓的男人多金，令不少女人心動不已；二樓男人帥氣又多金，女人們很高興地意識到，原來上面的更好；三樓的男人帥氣、多金又體貼……她們爬啊爬，來到了六樓，這兒的男人帥氣、多金、體貼、孝順、個人素養好，地位還尊貴，女人們心花怒放，可總想著上一層還會有更好的，於是她們爬到了第七層——這一層沒有男人。

有意思吧？一般人對這兩個故事的解讀，都認為是想告訴我們適可而止，不要因為過分的貪心而失去了本來可能擁有的還不錯的選擇。當然，這是一條很好也很重要的人生哲理。但其實，如果換一個角度看，我們會發現，自己之所以不能進行最明智的選擇，只因為條件有限，資訊不全啊！如果柏拉圖能一眼看盡麥田，又怎麼可能摘不到最大最好的一穗小麥？如果女人們知道六樓的男人最好，七樓沒有男人，她們還會傻乎乎地上七樓嗎？又或者小柏同學不知道麥田裡還有其他小麥，女人也不知道二樓以上的男人更好，那麼，他們還會有選擇的痛苦嗎？

很多時候，痛苦是因為沒有選擇；也有很多時候，痛苦是因為選擇太多。

因為我們覺知能力有限，所以我們的資訊獲取能力也極其有限。可以彌補的方法就是借助過去的經歷反省——此其名之為經驗。沒有記憶就沒有思考，沒有思考就沒有分析和總結，也不會有邏輯。所以嬰兒剛出世時，最開始只有形象記憶，或者說機械記憶，當其對世間形象的概念有足夠多的記憶時，才有可能去思考這些形象彼此間的聯繫，才有可能去學習通用的表達工具和方法。在外界資訊受限的情況下，大腦馬上會聯想過往相關的一切，找到一種結合當下的解決辦法，這便是智慧。

這種智慧，可以用佛教唯識論中的一句「轉識成智」來表達。所謂的「識」，便是我們認為、聽得、記得的。因為能認、能聽、能記，所以可以在具體對象已經流逝後，去思考其間因由或關聯，若能有所體悟，那便成了「智」。柏拉圖就用自己的經歷向我們證明了，人是如何結合經驗與現實進行較為合理的選擇的。

摘麥穗事件後，好學的柏拉圖又問蘇格拉底：何謂婚姻。蘇格拉底依舊用他的老辦法折騰小柏同學——一招鮮吃遍天，蘇老師是個永遠不直接告訴你答案的人——我總不失惡意地揣測，或許他認為這樣可以使自己免於失誤的可能——這次他讓小柏去砍一棵最大最好的樹回來，同樣只能砍一棵，同樣不能回頭。

沒多久柏拉圖就砍了一棵不太好也不太差的普普通通的樹回來。蘇格拉底問他為何會砍回這樣一棵樹時，小柏說，有了上一次的經驗，所以我走了一半時，看到這棵樹也不算太差，為了不重蹈覆轍，決定砍了再說，於是帶回了這棵樹。小柏之所以能成功地把經驗與現實轉化成解決問題的智慧，全因為他運用了思考。

痛苦是因為我們知道的太少，而想要的卻又很多，懼怕造成選擇不慎的遺憾。生命雖有其缺陷，但也有彌補缺陷的方法，如果我們希望在資訊不全的生活裡過得更快樂，那麼，我們就要學會思考和分析有限條件裡的種種利弊，並且不斷學習，通過修煉來圓滿自己的內心。

若能使內心超然於得失之外，那麼，無論生活怎麼折騰我們，我們都能處變不驚，不會使自己因一時的得失而沉淪於痛苦中。

要使生如夏花之絢爛，死如秋葉之靜美

接近死亡，可以帶來真正的覺醒和生命觀的改變。

——索甲仁波切

雖然明明知道新片《大鬧天宮》是個爛片，但出於好奇它有多爛，出於對《西遊記》人物孫悟空本身的熱愛，再加上這天我所住的公寓發生了火災進行人員疏散，只能待在網咖的我咬牙切齒地看完了這部天雷滾滾的神劇。看完之後我對編劇佩服得五體投地，原來很多東西是可以沒有下限的。編劇努力加入《大話西遊》式的幽默元素，奈何個人功力和對人生意義的理解實在可能還沒到水準，所以那些強加的搞笑環節淪為了蛇足狗尾。

由此可見，偽裝的深刻還遠不如真誠的淺薄動人。絢麗的特效展現的不是高科技的先進，而是一幫低能弱智的生物對異次元生態環境的幻想無能。已經不再以物質和能量方式存在的維次空間裡的生物，竟然還以物質和能量的方式進行鬥爭，並且長得還和我們一樣，唯一不同的就是他們自身即擁有巨大的能量釋放能力，可以像鳥兒一樣可以隨便飛，不需要借助高科技工具而已。處處吐槽實在太過於批判，不符合謙虛謹慎的社會精神，還是強制性中斷，言歸正傳才是。

人的思考能量是需要觸動的，很多事情，如果沒有特別的契機，就算我們理解每一個環節，也不會想到把這些環節串聯成一個整體。我即使有很多珍珠，有打孔工具，也有穿珠的線，但如沒有機會觸發我，促使我去鑽孔穿線，珍珠便永遠只是一盤與線分離的散珠。我特意提到《大鬧天宮》，最主要的原因是片中一句話觸動了我，讓我動了把線與珠穿起來的念頭。這句話非常普通，普通得以至於有點常識的人都會看不起：非人道中的生靈修煉真身時，即使得到了肉身不壞術，也不可能超脫生死，除非能在度劫時遭遇水災、火災、風災而不死，這三災也是修禪學佛者必須要超脫的。關於常識性理論，我可能很早就有一些了解，但是直到那天看這部天雷神劇時，我才發現其深刻的哲學意味——三種天災其實隱藏著人類對終極安全感的追求，每一種災難，都是我們肉身無法突破的限制條件。是的，我們肉身的耐毀性實在太弱了。

說到《西遊記》，那裡很多神話的比喻性意象使得我們很難直接從文字看透其內核所指，例如「悟徹菩提真妙理，斷魔歸本合元神」這一回中，好學生孫悟空在菩提祖師門下打了七年雜，被菩提祖師發現慧根，於是得到了真傳，如此又學了三年，有一天祖師登上講壇，與一群學生傳授道法時，祖師忽然點名提問：

「悟空何在？」悟空近前跪下：「弟子有。」祖師道：「你這一向修些什麼道來？」悟空道：「弟子近來法性頗通，根源亦漸堅固矣。」祖師道：「你既通法性，會得根源，已注神體，卻只是防備著『三災利害』。」悟空聽說，沉吟良久道「：師父之言謬矣。我常聞道高德隆，與天同壽，水火既濟，百病不生，卻怎麼有個三災利害？」祖師道：「此乃非常之道：奪天地之造化，侵日月之玄機；丹成之後，鬼神難容。雖駐顏益壽，但到了五百年後，天降雷災（水中渡劫之災）打你，須要見性明心，預先躲避。躲得過，壽與天齊；躲不過，就此絕命。再五百年後，天降火災燒你。這火不是天火，亦不是凡火，喚作『陰火』。自本身湧泉穴下燒起，直透泥垣宮，五臟成灰，四肢皆朽，把千年苦行，俱為虛幻。再五百年，又降風災吹你。這風不是東南西北風，不是和薰金朔風，亦不是花柳松竹風，喚作『贔風』。自囟門中吹入六腑，過丹田，穿九竅，骨肉消疏，其身自解。所以都要躲過。」

一段對話，說的全是肉身不耐毀的殘酷。

但文中的很多名詞，如果不用現實的類比以說明，我們可能很難明白它可以體現的最深意義。所以，我必須把三災用最極端的現實情況來重解一番，才能使大家明白我為什麼說三災之說是人類對安全感的終極思考。

三天災就是三種最終極的災難：

水災——呼吸困境：最大的水災類似於全球性的海嘯或洪災。希伯來文化、印度文明、大洋洲神話、瑪雅文明……幾乎每一個上古文明都有關於洪水之災的神話傳說，包括我們中華文明。近代科學已經證明在冰川末期時，地球的氣候轉暖，確實曾經有過世界性的大洪水，而這次大洪水作為世界各民族的遠古記憶而流傳在各種神話傳說之中。不管各地神話的情節如何曲折，細節如何不同，它們的思維方式和結構模式具有共性，而且不外乎兩個核心內容：一是人類的行為觸怒了上天或某位超自然的神靈；二是洪水淹沒世界，導致人類毀滅，但又沒有徹底滅絕，尚有遺民。巨大的洪水，是我們肉身無法突破的生存災難，所以我們幻想有諾亞方舟保留各種族，幻想有伏羲、女媧兄妹存世，再續文明。無論是重於揭示洪水發生原因的傳說，還是重在敘述對洪水治理的傳說，傳達的都是我們人類戰勝洪水的願望。

其實，同樣是生命，魚蝦並不怕淹沒在水裡，可以說，水災傳說表現的是我們人類對肉身無法超越本身基本生存條件的一種終極想像，所以，神話中那些修真的神仙或精怪，總是能上窮碧落下黃泉，兩處茫茫皆無懼；那些修得肉身不壞之術的，總可以分水鎮海。水表達是什麼限制意象？是呼吸，人類不能在水世界裡呼吸，而水災是我們人類對呼吸困境的終極困擾之一。

火災——肉身溫度困境：最高的溫度暫時不可考，最新資訊說，歐洲核子研究委員會大型強子碰撞型加速裝置的科學家在近期宣布，他們在鉛離子對撞實驗中創造了有史以來最高的人造溫度。據說，兩束鉛離子碰撞後，大約產生攝氏五・五萬億度左右的高溫，這個資料我沒有核實過。不過，從現在的科技設備和實驗結果來看，億度高溫肯定是一點問題都沒有的。而絕對零度攝氏負兩百七十三度，我們的科學家也一直在接近。但是我們人類肉體最適宜的溫度上下限，卻那麼渺小，不堪一說，舒適度是可憐的攝氏十五度到攝氏十八度，正常情況下，體溫超過攝氏三十八度我們就很危險，超過攝氏四十度的體溫，我們就要和死神握手了。從腳底（湧泉穴）燒到頭頂（泥垣宮）的火，是我們肉身無法超越的肉身溫度困境。

不難猜測，古代的人類最大的肉身溫度困境定然來自於火山噴發、太陽黑子風暴與森林大火這樣的天災，在這樣極端的高溫環境下，他們會被燒得屍骨無存。火災神話，是人類對肉身溫度困境的恐懼幻想。

風災——肉身自主性困境：肉身的自主性困境來自於我們的渺小感。對於我們自己來說，此具肉身即是全部。但於整個洪荒宇宙來說，我們的肉身其實渺若微塵，速度和穩定性都是肉身無法自主的事。即使借助太空船，我們的速度也不可能達到甚至超越光速——那是時間的速度。風力超過六級，我們的身體就會失去穩定性，且不說那被稱為「弱不禁風」的嬌小身軀了。任何支撐我們肉身平衡的條件發生改變，我們對肉體的控制度就會發生改變。

同樣地，在自然條件相對適宜的生活中，我們也沒有什麼肉身的自主性。從生而為人那刻起，我們就被枷鎖在了一個與我們出身相當的社會關係總和之中，為人子女、父母、親友、同事，這些關係，既是我們肉身得以延續的必需的支撐，也是使我們肉身缺乏自主性的巨大壓力。很多人都得出賣自己的一段時間，與一家公司交換自身生命衰退時延續的資本。除此之外，我們還要根據關係的親疏，承擔自己相應的社會責任：孝順父母，金錢上要給予，生活上也要照顧；養育並愛護子女；體貼伴侶；幫助朋友等等。最大的不自由就是我們缺乏肉體自主性，一切精神痛苦無不來源於此。

其實，我們只不過活在生死之間的呼吸之間，也不過是生時一口氣吸了進來，死時一口氣呼了出去而已。無數種意外、無數種疾病都可以導致一個生命的逝去，不分男女老幼、美醜貧富。新聞裡每天都有因為天災人禍而死去的人，從初生嬰兒到耄耋老人，從垢首乞丐到煌煌巨富，哪個也避免不了。

也許，有人會說自己不怕死。這樣的人只是把死想得太簡單了，即便正常的死亡，那也是極痛苦的過程，所謂「四大分散，功能全失，彷若生龜脫殼、活牛剝皮、螃蟹落湯，眾苦交煎，痛不可言。一動則手足身體均受拗折扭裂之痛」，能在睡夢中或者清醒狀態下毫無痛苦去世的人，那是極其少見的善終。靠著強大環境條件而形成的一個有自主行動力的高級系統要分崩離析，從來都不會是一件安樂的事。

若能迅速了卻生死之事，那麼死也不算太可怕。因為長久的病痛更讓人難以忍受。醫院的那些病床上，有多少人沒有痛苦呻吟、輾轉哀嚎過？無數種慢性絕症都能摧毀人的求生欲望，和年紀無關，和身體強壯與否無關。

就算我們幸運至極，一輩子沒大病，可還是會老去，到時候筋骨衰敗，手腳不靈，那熬著活的滋味也不會有多好受。如此種種肉身困境都是我們必須接受的現實，我們沒有辦法追求不朽之身，我們只能努力在生前減輕和避免痛苦。所以悲觀主義者叔本華說：「一個人的幸福，不在於他享受了多少快樂，而在於他避免了多少痛苦。」

我們通過修煉精神來改變自己對世界的看法，改變自己的心態，使自己八苦交煎的人生裡少一重精神折磨。是的，只要我們還沒有離開，就只能去承擔這些。既然必定要承擔生老病死，哭天喊地也無處可逃，我們只能堅強地去面對一切逆境。

只要活著，就會有愛恨情仇，就會有陰晴圓缺，誰都擺脫不了這其中的情感糾纏。「道法自然」，哲人們希望人們的內心不要因為外部環境和情緒的變遷而沉淪。

人生，就是一場多數人始終都沒看明白就謝了幕的連續劇。只有認真思考死亡本身，明瞭死亡的意義，才會看穿人生，更好地活下去。儘管一切如煙，但還是要心境淡然地面對這一切，就像泰戈爾詩中所說：

既然生，就生如夏花之絢爛；淡然死，卻死若秋葉之靜美！

醜陋留給塵埃，美麗放在心頭

什麼都想追求，什麼都可放手，然後還有然後。誰都想貪新不厭舊，誰不是一路上一邊看一邊走？不錯過任何挑逗，也不為任何人等候，誰都是一去不回頭。醜陋留給塵埃，美麗在心頭，花花世界有我的海市蜃樓。

——林夕〈美麗在心頭〉

命運之所以難改，是因為我們要把思維模式和行為模式通通進行改變。一看到別人嫁了個有錢人，覺得自己也不差，應該要嫁更好點的；自己的男友或老公出軌都是第三者的錯，因為覺得第三者「不應該和有婦之夫一起，就算自己男人勾引她、欺騙她，她也應該看出來，然後拒絕他，讓他被動地保持著肉體和精神的忠貞……」

可以說，很多人因為沒有獨立思考的能力，所以只能盲目相信世俗言論。他們對人對事只有簡單的應該不應該這個標準，而應該不應該這東西裡，又沒有一條貫穿始終的原則，而是情隨事遷，以主觀感受為主。把自己的期待當成他人的責任。

例如我受依附型人格控制時，會「為了」男友做很多事，比如讚美鼓勵他，又如在生活上努力照顧他。我做這些時，會覺得我對他這麼好，他應該從物質和精神上照顧我、滿足我、保護我。我沒有和他簽約說我給你做飯洗衣服你要給我交房租買衣服，我只是覺得他應該知道做為一個男人的責任。

又例如我母親，每天五點就起床忙活，她一直很努力地付出，結果我那應該早起掙錢養家的父親就是要酗酒晚起，他這種自覺性不足的表現使得我母親常常處在絕望邊緣。當然沒有人告訴我母親，妳做什麼並沒有人拿刀威脅妳，妳做的一切是一個成年人自願的選擇，如果妳覺得委屈，可以不做，他人生死各自負責……在我這麼說時，母親怒了：「我不做你們吃什麼……」如此看來，她養活孩子的動力超過了自己過得爽的利益，但是她又把很多期待建立在了另一個人的自覺性上，把自己的希望當成了我父親的義務，一旦父親稍有不慎，她就會揮舞世俗的道德大棒：你看誰家男人多勤快，你看誰的父親多好……

很少有家庭懂得教孩子人格獨立，他們成天討論的窮養富養，都只是物質上的窮養富養而已。父母包辦了我們小時候的生活，抹殺了我們學會獨立的能力，所以我們長大了還是渴望被包辦。學校的教育制度也同樣如此。

無經濟獨立性的人也不會有獨立的人格，因為他們沒有安全感，他們一切安全感都來自於對外界資源的控制，而不是自我價值的開發。這樣的人不會有奉獻意識，他們只關心自己的小利益，不是想我要做什麼。古代當權者為了減少過度壓迫產生的不安定因素，以及出於平衡社會資源的需要，於是推出了科舉制度，之後，封建文化教育，便走上了一條只為權力而服務的不歸路。從此，「學成文武藝，賣與帝王家。」一掌握了智力資源的人們把畢生的精力無限貢獻給了權力。

科舉制度開啟了上千年的應試教育，且不說這種制度的利弊，但這確實培養了大批擅長考試且只會考試的「人才」。法國作家古斯塔夫在心理學專著《烏合之眾》一書裡如是說：從入小學到離開大學，一個年輕人只能死記硬背書本知識，他的獨立思考能力和個人意識從來派不上用場。受教育對於他來說就是背書和服從。很多孩子在學校裡開始對著文法和公式努力，為的是做到準確重複、出色模仿，這種教育的唯一結果就是把孩子們變成學舌的鸚鵡。

如果應試教育僅僅是無用，我們尚可同情那些孩子們，雖然他們沒有在小學裡從事必要的學習，但好歹學會了一些基本的傳統文化和科學常識。但這種制度造成的危險要遠比這嚴重得多，它使服從它的人強烈地厭惡自己的生活狀態，極想逃之夭夭。這時，學習的唯一目的不是讓人為生活做好準備，而是打算讓他們有一個穩固的鐵飯碗，想要取得成功無須任何自我定向，不必有嚴謹和執著的科學精神，也不必有哪怕只是一丁點兒個人的求知主動性。

灌輸大量膚淺的知識，不出差錯地背誦教科書，不可能提高我們的智力水準。能夠幫助我們走向成功的條件是判斷力，是經驗，是開拓精神和個性，而這些優良品質，偏偏不是能從書本裡得到的。但人天性的偉大在於其可塑性，只要我們有接受教育的素質，我們就能通過學習和實踐去修正自己。

每一個人都可以決定自己的選擇行為，我可以「洗衣服做飯」，包攬全部家務，床上做蕩婦、床下做主婦、出門做貴婦，並不是男友或老公就應該愛我、疼我、給我錢花的理由。同樣的，男友或老公愛我、疼我、給我錢花也不是我必須要在床上做蕩婦、床下做主婦、出門做貴婦的理由。我們的意志不受任何人支配，我們也沒有資格支配任何人。如果有需要滿足別人的欲求，我們只能與他人協商一個合理的合作方式，而不能是你「應該知道，我需要梨，我已經給了你蘋果，你要回報我以梨」的想當然，並且也沒有交換固定的標準，你是要一比一還是一比二地交換，全憑你高興。

一個蘋果在別人眼中值一個梨，在你眼中至少值十個梨時，即使人家回報給了你五個梨——已經算是投以木桃報以瓊瑤了，但你還是會不滿意。

記得有一名女士向我訴苦說，當年由於嫌男友太窮，所以分手了，然後嫁給了一個富有的人，不料丈夫生性頑劣，不僅喜歡尋花問柳，時不時還拳腳相向。由於自己沒有生存能力，所以也沒有辦法離開，手心朝上的日子過得苦不堪言。被她拋棄的前男友後來也很快結婚了，沒多久由於勤奮機靈，竟然發展成了當地少有的富戶之一，比她夫家還要富有。她內心極度失衡，很想重新跟前男友恢復關係，又覺得一切都是因為前男友「輕賤」之妻的出現破壞了她的一切幸福。她之所以覺得前男友之妻「輕賤」，是因為他們倆沒談多久戀愛，她就「隨便」地嫁給了他，而且還是裸婚，所以她日夜咒罵著前男友的妻子，她覺得前男友之妻不該輕易地嫁掉自己……

我並不是說支持裸婚，任何事件都有各種或然性，前男友離開了她，發達是一種或然性；也可能遇上災禍，或殘疾或死去，若是果真如此，她可能倒要慶幸了吧？正如她嫁給一個富家公子也有很多或然性一樣，愛她、拿錢給她盡情花是一種或然性，終年暴力相向，命還活得比她長是一種或然性，出軌離婚是一種或然性。遇到災難死亡或殘疾也是一種或然性，她的個人命運也是如此。

人生的殘忍之處在於我們總要在有限的選項裡進行選擇，並且承擔其任何變數的或然性。世間沒有應該不應該，只有我們願意不願意。選擇了，就得承擔，如此而已。

但人生的偉大之處在於，我們可以做到將醜陋放於塵埃，將美麗留在心頭。在這個神秘陌生的世界上，雖然生活中各種憎恨總是交織在一起，真誠、信任以及真愛不是簡簡單單就能充滿人間，人們可能會犯所有的錯誤，但我們的內心還有一個年輕而有活力的靈魂，總是期盼著能學到各種生活的能力，相信自己在各種體驗各種歡樂和恐懼中才能學會割捨，學會看透。也許就某一個轉身的時候，我們會在各種不盡如人意中，發現自己已經走到苦難的彼岸。

PART 4

選擇依賴或是獨立的，永遠只能是你自己

幸福有門，但是我們不能拿錯了鑰匙。
我們只能在還有門的時候，努力尋找對的鑰匙。
待到沒有門時，有鑰匙也沒用了。

愛那麼短，遺忘卻那麼長

在大悲與大喜之間，在歡笑與流淚之後，我體味到前所未有的痛苦和幸福。

——村上春樹

人生大抵因情而生，為欲所苦，所以佛才說我們眾生所處的世界叫欲界天。觀乎世界萬物、有情眾生，各在自己的緣中聚散不已。

在知識極為有限的我看來，雖然日月水火山石田土也要受著因緣的聚散消長，卻並沒有花草樹木蟲魚鳥獸的感覺，以及由感受而生的無可避免的痛苦，痛苦最深的，莫過於做為萬物的靈長，宇宙的精華的人類了。

為什麼同為世界萬物，同樣歷經生聚死散，有的可以毫無知覺，如無機物類的，縱使山河傾覆，自身沉入深深的地底之下也不悲哀；而有的卻痛苦不堪，或生或死，或離或散中，不是感受到生命無法承受的痛苦，便是流露出哀哀悲鳴的憂傷？以至於連歡樂與幸福，都得建立在各種痛苦的緩解之上——這就是為什麼挑戰或征服成功會給人帶來巨大快樂的原因。但是須臾之間又添新愁，其難何其多耶！其苦何其深耶！其間的唯一差別，僅是眾生有情而土石無情罷了。

一個情字，何以能輾轉我們的苦樂悲憂？我想，大約是因為這個情字，是一套極其高明的能自主自發的意識系統。

山石水火無情，只隨著外緣的聚散而生滅，眾生有情，外緣雖會影響我們，但我們卻可以在自己的能力範圍內進行取捨，而我們生命最基本的目的決定了我們可以取捨。若是要生存，我們便會竭盡全力，使自己的生命得以保全；若是要繁殖，我們則會選擇那些更有能力保存自己和延續後代的對象做為伴侶。

為什麼我們生命的意圖是生存而不是死亡？是繁衍而不是絕後？科學只是肯定了這一結果，卻不曾解答過原因，宗教也沒能很好地進行解釋。

有的說人類是上帝創造的，所以答案上帝知道；有的則說我們是來自光音天的高級天人，壽命盡止之後轉住地球，原本以光為音，以念為食物，卻不料因為貪戀地脈之泉的甘美，日日飲食，才失去了妙色與神通——這是小乘佛教觀點。

輪迴論則以為我們受業力，也就是現在或將來的行為所引發的結果之集合的牽引，來這如同起火之宅的三界中受折磨，由於無法徹底地解釋一切眾生的生存本能，於是創造了一個詞——我執，試圖畢其功於一役地解決關於「我從哪兒來，要到何處去，為什麼活著」這三大人生終極問題。但就我的個人認知來說，這種解釋顯然算不得多成功，只是簡單粗暴地把有一套完善的自主功能的眾生肉體解釋為四大假合，即各種元素的合成；把人類求存求續的意圖解釋為無明之我的虛妄偏執，在哲學上自然是很好的思考結果——可以說是現象分析學的很大成就，但無論分析得多徹底的現象，即使可能已經無限接近本質，但永遠都代替不了本質。

大乘佛教的唯識宗已經把人的意識與肉身的全部現象分析到了極致，但它是不是給出了終極答案呢？我不能胡說，興許有高人可以看出來，但我還沒有。在多數時候，我只看見執業力論（其實是他說）——或者奉業力為最高主宰（我簡直不覺得這和一神論有什麼差異），認為有業才有了因緣（條件），有了因緣，又才有了生死流轉。但關於業力從何處來，又都語焉不詳了。有人說來自於無明，那麼無明起於何處？便有經說無明起於煩惱和貪愛——這不是我執嗎？既然起於我執，那我執又生於何處？我們很快發現，這是一個閉環，這個閉環的嚴密性，甚至不如語言系統——詞與詞之間，尚且可以相互解釋，但我執與業力間，卻成了一個先有雞還是先有蛋的問題。

於是又發明了一個詞「無始無終」。無始無終不是永恆嗎？但組成這永恆的卻是我們都能看見的有始有終——輪迴總是有週期的，再多的有始有終相疊加，依然是有始有終，而不是無始無終。

或許，因為我們不能跳出自己的因緣，所以看不到因緣之外的東西。雖然所有的學問都不能告訴我們關於「所以然」的問題，但我們還是很有必要理解「然」的問題。我們可以「情不知何所起，一往而深」，但我們需要了解情起是為了什麼。如此，在我們面臨情欲糾纏引起的痛苦時，至少多了扇開解自己、調適內心的大門，至少多了一種減輕傷痛的方法。我們已經解決不了過去的問題，也不可能指望在未來的某一世終於萬事如願，我們唯一能做的是把此生過好。

所謂的情欲，細分不過兩種。一種是因身而起的生理欲望，一種是心理欲望。只要我們活著，每天就得承受來自於眼耳鼻舌身的生理性苦惱，餓了必然求食，渴了必然求飲，冷了必然求衣，肚子滿脹了則必然求解決內急。除了生理欲望之外，我們還追求被信任、被重視、被愛戀，擁有一些世俗標準中的美好以及把每一件事都做成功的願望，如此種種，構成了我們的身心兩重天。如果我們留意，便不難發現：生理欲望是一種對當下的生理安全追求，心理欲望是一種對未來的生理安全追求的心理期望。稍加深化，我們就能看出，那些讓我們喜怒悲憂恐的情欲，是一套以自我保存與繁衍為目的的提醒系統，快樂是在告訴我們，那樣的情境對自我保存與繁衍是有利的，要多多追求、占有與停留，痛苦則是提醒我們，相關境態對我們的自我保存與繁衍是不利的，要趕緊跑開。當然，由於安全感讓我們受制於即時獲得性，所以很多時候，這套機制讓我們很短視，導致無法拒絕當下的誘惑，不願意等待，哪怕會收穫到更多的明天。

所以讀到子曰「蓋有不知而作之者，我無是也。多聞，擇其善者而從之，多見而識之，知之次也」（意思是：有這樣一種人，他什麼都不懂卻在那裡閉門造車，我卻沒有這樣做過。多聽、多看，努力學習別人的優點，這是次一等的智慧）時，我不禁掩卷一笑，孔子竟然說自己不會做任何自己並不知道原因的事。雖然我承認他是個大聖人，但不是因此就要高推聖境，以為聖人就絕無偏見與過失。其實我們有很多事，不斷地在做，卻從來不知道，至少沒有有意地知道為什麼。由於很多東西都是先天設定的程式，所以我們雖然不知道為什麼，但程式一受激發，就會運行起來。所以《周易．繫辭》說：「仁者見之謂之仁，智者見之謂智，百姓日用而不知」，所以《孟子．盡心上》才說：「人之所不學而能者，其良能也，所不慮而知者，其良知也。」

這裡的良，就是先天本能智慧或未曾發現其學習過程的智慧，不是不學，是已學於出生之前或使用之前；不是不慮，是考慮時短得不足以發現主動意識的參與，條件反射便是如此，我們每天在做的很多事也都是如此。

所以，我們永遠要多聽意見，然後再選擇最正確的。多聞多見才能認識世界萬物的邏輯關係，這是增強智慧的必要步驟。對於那些總是不知而作的情欲，我們要多保持警醒，畢竟，它的作用是協助我們生存繁衍的工具，而不要被它們所控制。

可惜的是，大多數人都成為了工具的奴隸。生活中不也是這樣嗎？手機本來是工具，可是很多人一天沒手機就不適應，一天沒電腦就彷彿要了性命，彷彿我們是為工具而存在的，而忘記了發明工具的初衷，結果活得本末倒置，常常為了滿足工具而使自己一失足成千古恨。無怪《四十二章經》中說：「人隨情欲，求於聲名，聲名顯著，身已故矣，貪世常名，而不學道，枉功勞形。譬如燒香，雖人聞香，香之燼矣，危身之火，而在其後。」愛那麼短，遺忘卻那麼長，那些被情欲控制的人啊，執著於追求名利，往往得到的是功成之日身體已經垮掉，美好的時光已經流逝，或不擇手段得到的，又倏忽失去，就像裊裊一炷香，雖然香氣芬芳，但香的本身正在快速燃向根部，到頭來香盡氣消，枉自辛勞一場。

情欲本是人類繁衍的工具，但當我們淪為情欲的奴隸時，情欲卻成了我們的枷鎖。情欲讓我們對一些得到得意忘形，對一些失去落魄沉淪，如南懷瑾所說那般：平常之人，得意忘形，失意也忘形，從來沒有活在屬於真實自己的中道上。

是任由自己被本能左右，還是能對抗情欲，理性選擇自己的行為，成為了一個人是否有自制力的基本判斷要求。因為我們很多人都無法與情欲對抗，所以關於自制力的名言那麼多，關於如何自制的書那麼紅。

讓我們參透得失；只有參透得失，我們才能擺脫情欲的枷鎖。參透得失的人明白，得意是一時的，失意也只是一時的，快樂是一時的，痛苦也是一時的，沒有什麼不會過去。因為深知得失，接受得失，於是心中多了份平淡和從容，不以一時之得意而自誇其能，不以一時之失意而自墮其志，方能做到人生雖殘酷，反而能活得越堅強。

要嘛庸俗，要嘛孤獨

我一直在尋求孤獨的生活河流、田野和森林可以告訴你們，我在逃避那些渺小、渾噩的靈魂，我不想透過他們找到那條光明之路。

——叔本華

能把孤獨的感覺寫到極致的詞客，大約納蘭容若算得了一個了。

殘雪凝輝冷畫屏，落梅橫笛已三更，更無人處月朧明。
我是人間惆悵客，知君何事淚縱橫，斷腸聲裡憶平生。

在一個無人的月夜，殘雪凝輝，落梅橫笛，傾訴惆悵，在悲悲切切的笛聲裡回憶自己的人生，這得是多深的一種寂寞與孤獨！生而孤獨、生而彷徨、生而無助，是你我都不得不面對的一種心靈痛苦。孤獨來襲時，良辰美景亦是虛設，縱有千種風情，更與何人說得？於是更孤獨。

記得一個朋友說，有一天夜裡，心裡特別苦悶，想找個人倒倒苦水，但把手機電話簿翻了一遍，卻一個人都沒找到。找這個朋友吧，隔行如隔山，實在沒耐心解釋清楚讓自己煩惱之事的來龍去脈；找那個朋友吧，人家整天上廁所都要擠時間，不好意思給人找麻煩；找同行吧，雖有共同語言，但大家平時也都不怎麼交流，而且彼此不熟悉，怕成了人家的笑料……當然，更不能找父母。好不容易找到一個平時都還聊得來的朋友，不料這才發現，朋友只愛聊自己愛聊的內容，三句話不離他個人的喜好。找遍認識的人，可以一吐心聲的卻無一個，正像一句老話感嘆的那樣：「朋友遍天下，知心有幾人？」所以瀟脫如李太白也不得不感慨「古來聖賢皆寂寞」了。

心理學家認為，所謂孤獨，是由社會關係缺陷造成的一種心理狀態，並且特指一種不愉快甚至是非常苦惱的主觀感覺。周國平說：「孤獨是一顆值得理解的心靈尋求理解而不可得，它是悲劇性的；無聊是一顆空虛的心靈尋求消遣而不可得，它是喜劇性的；寂寞是尋求普通的人間溫暖而不可得，它是中性的。」他的觀點與叔本華所認為的「促使人們投身於社會交往的，是人們欠缺忍受孤獨的能力——在孤獨中人們無法忍受自己。他們內心的厭煩和空虛驅使他們熱中於與人交往和到外地旅行觀光。人的群居生活可以被視為人與人相互之間的精神取暖」非常相似。

是啊，孤獨不等於寂寞，更不是無聊，孤獨是一種尋求真正心靈溝通的狀態，但我們的社會網路，能提供的往往只有消除無聊、驅遣寂寞，所以，希望在喧鬧、熙攘中擺脫孤獨的人多半會失望而歸。身邊陪自己的人越多，心中的寂寞與失落越深，我們在自己的惶惑中困惑：為什麼當我們傾情表達的時候，身邊的人總是問牛答馬？為什麼我們在強調一種意見時，身邊的人卻又總是不知所云或勉強敷衍了事？為什麼孤獨如影隨形無處不在？

如果膚淺地看，孤獨似乎不是一種好狀態，生物的社會性使得我們具備的一種本質就是渴望交流——沒有交流，我們就會無從獲取於生存本能所需要的資訊。但是，也因為生命都是個體的形式，所以，孤獨同樣也是生物最本質的特徵。

就社會生物學的進化來說，從低分子物質、高分子物質到單細胞生物的飛躍，成就我們的正是獨特性。沒有隔離就沒有個體，細胞膜的出現，為個體與外界隔離創造了條件，孤獨從細胞膜起到隔離作用的那刻起也就產生了。

渴望交流和無可避免孤獨，便構成了我們每個個體矛盾對立的綜合體。

我們的軀體是孤獨的，皮膚就是我們的邊界；我們的心靈是孤獨的，如果不借助工具例如語言、文字、各種資訊等，我們就無法理解世界，甚至大致地明白一點別人的意圖。由於我們每個人都是獨一無二的存在，所以不被理解是一件很正常的事。

既然孤獨是我們的本質需要之一，那麼，它就一定是有其存在理由的。做為有著社會屬性的人，我們是被各種關係造就的，我們為人子女，為人父母，為人伴侶——可以說，我們對於別人的意義，便是我們與他們的關係，反之亦然。適當的孤獨可以讓我們冷靜地反省在各類關係中的限定，更多地成為自己，以便更大程度上成為一個有獨立人格的自由的人。

在佛學中，一切皆以因緣論，用一個公式表達的話，那就是「因＋緣＝果」。若從科學的角度來看，這也很好解釋，因緣，就是條件，任何一個結果都是因為有獨一無二的一系列成立條件才產生的，其間任何一個條件的變數，都會左右我們的感知力和經歷。何況別人與我們的條件差異可能大得超乎想像。出生環境、遺傳、父母身體健康狀態，生活習性和受教育程度等因素，無一不是我們心靈孤獨的巨大變數，其實，只需要一點點極微小的因素，便可塑造出一個人完全不同的感知力和價值觀。

就表象上來說，孤獨有兩種：一是情緒性隔絕，這類孤獨者不願意與周圍人來往；二是社會性隔絕，指這類孤獨者的關係網很弱小。前者是自求孤獨，後者則是被動的，由於各種緣由，雖然孤獨的我們也渴望與外界建立豐富的聯繫，卻總是有著來自於外在或內在的各種障礙。

湯瑪斯．莫頓說過：「害怕獨處的人，無論有多少人在他的身旁，他仍是孤獨的。」對於他們來說，孤獨是一種必須消滅的狀態，於是他們忙著去愛，忙著與社會各色人等發生關係，但這樣做所能得到的只有希望的一次次落空，孤獨揭示的往往是我們和自己心靈的關係，而非與他人的交流。愛能幫助我們面對孤獨而不是消滅它，因為愛只是我們分享孤獨的一種方式。

如納蘭容若的孤獨，並不是因為缺乏物質與精神。他出身鐘鳴鼎食之家，父親身為相國，權傾一時，母親是皇帝的孫女，他本人年紀輕輕就考中進士，擔任康熙皇帝的一等侍衛，前途無可限量，本來就是春風得意的錦衣公子，卻在少年時便看到了人生的大悲哀，作出「人生若只如初見，何事秋風悲畫扇。等閒變卻故人心，卻道故人心易變」的淒涼詞句。他娶了盧氏為妻，兩人情投意合，夫唱婦隨，雖然也驚豔了時光，溫柔了歲月，但他自身的孤獨感卻並沒有消失，仍舊是「身世悠悠何足問，冷笑置之而已」。

人生就是五味雜陳的一條河流，有的人糖多，有的人鹽多，各有其滋味。

生而孤獨，因為我們是一系列不可複製的條件的產物。

生而孤獨，因為我們每一個人都獨一無二。

我們是生命路上獨自探索的行者，傾其一生，唯一能做的就是認真地生活著，投入地體驗著，獨自撰寫著屬於我們自己的生命旅行手冊，既是這本書唯一的作者，也是它唯一的讀者和使用者。

若懂得，那些與我們彼此交集的人並無徹底理解自己的可能，我們就會對不被理解，不夠被重視的現狀而生出一種理解來，而理解所產生的，必然是慈悲。或許如此，我們心中的計較之情便會減少很多，對世間的不滿亦會少很多。

人生殘忍，人生亦慈悲，它的殘忍在於讓我們每一個人都與眾不同，它的慈悲亦在於：我們每一個人都與眾不同。

愛沒有別的願望，只為成全自己

小草呀，你的足步雖小，但是你擁有你足下的土地。

——泰戈爾

感謝可愛的你終於看到了這裡。本書不是九轉大還丹，也不是教人白日飛升的《還源篇》，本書只想用簡單的還原法告訴我們一些關於人生和生命的真相。有一些道理，如果可以早些知道，可能會使我們減少很多痛苦。

愛自己是每個人都知道的事，但會不會愛自己，就兩說了。就我的觀察來說，很多人雖然極自私，卻也沒能好好地愛自己，也有很多人雖然非常無私地奉獻了，但那些奉獻，是為了獲得愛，無私其實是其達到愛自己目的的手段——當然別人理解不理解，接受不接受或會不會按其期望那樣去回報，那就兩回事了。

不知道你有沒有思考過這樣一些問題：

一、我是什麼？

二、我的欲望是什麼？
三、我感受到的世界是什麼？

多年以前，我還不大會思考，只有本能的辨識力——沒有足夠的知識積累並記住，是不可能有思考的，所以孔子才曰：「多聞闕疑，慎言其餘，則寡尤；多見闕殆，慎行其餘，則寡悔。」——就像初生的嬰兒不可能有記憶一樣，他們只能靠重複的見聞去進行僵硬記憶，只有他見得足夠多，才有可能去建立邏輯辨別力，找出彼此間的聯繫——一個牙牙學語的孩子可能很久很久以後，才會明白桌子和凳子差別到底在哪兒。那時只有辨識力的我雖也會思慮，但永遠是粗淺的、單一的、片面的利害思慮，不會聯想，不會融會，如今，總算可以勉強跳出一點慣性思維來，重新審視一些看上去很沒有關係的邏輯。比如文字，比如某種東西，比如某一種學問等究竟是不是只意味著它本身。

由於做過一陣不可靠的翻譯，我發現了外文與漢語的很多相似之處。幾乎很多名詞性單詞都會有一條（可能比較古老的）釋意，是像什麼樣子。比如，樹這詞，漢語裡有像樹的形狀一樣的翻譯，英文也有，其他很多詞也如此。後來研究過幾個德國名詞，發現有同樣的釋意。這意味著什麼呢？意味著法國心理學家古斯塔夫發現的一條道理是正確的：「群體是用形象思維的。」應該說人首先是用形象思維的，再根據形象及其他特徵去理解彼此之間的邏輯，而這邏輯，首先得建立在自我利害之上。

當我們說家裡有一張「桌子」時，它對應的一系列自我利害關係邏輯是：桌子是我的，可以為我所用，可以吃飯、放東西、寫東西等等……

當我們叫一對男女為「爸媽」時，其利害邏輯是：這兩人生我、養我、教育我，以後我要承擔贍養義務……

當我們對第二者說「你」，稱第三者為「他」時，「你」是和「我」在資訊交流方面很近的他者性指代詞，「他」則是一個不直接參與我們交流的指代詞，沒了「我」，不會有「你」，更不會有「他」。

怕蛇，牠會咬人（我）。

房子，人（我）可以住。

財富，我的物質保障。

筆，（我）可以寫字。

……

細細探究如是種種名詞對象，我們會發現，一切都是以「於我功用或關係」為何的產物，可以說，名稱就是關係親疏表。我們以「我」為中心，創造了整個文字系統，也創造了整個文明。

每一個人，都是自己的宇宙中心，以我們自己的感知力感受到的一切，成就了我們自己的世界。我們不可能擁有別人的感知力，所以我們成為不了別人的宇宙中心，別人也不可能擁有我們的感知力，所以，不能期望他人像我們自己希望的那樣重視和愛護自己。

但情緒的極端性在於：如果某種需求非常依賴什麼，那麼，我們對依賴對象的重視程度就是極端地誇大。

十七世紀的英國思想家霍布斯在《利維坦》中說：人的身價就像其他所有東西一樣，都是有價格的，而決定市場價格的是買方而不是賣方，無論賣方多麼賣力地炒弄自己的身價，但他真正的銷售價值是無法超過別人的估值的。所以一個人的身價，在很大程度上取決別人對他的需要和評價——這或許就是我們為什麼那麼在乎別人怎麼評價我們的原因所在了。

本來，適當關注外界評價，以修正自己的言行，是一種良好的本能，但可惜的是，我們往往過度放大了外界評價的影響，以至於我們終日都為別人如何談論我們而提心吊膽，別人的評論甚至主宰了我們的思考和判斷。

一個非常虛榮的母親，生了一個獨身主義者女兒，於是她非常擔心，總是希望找一個男人「嫁」給女兒。

女兒很難以接受必須嫁人的看法：我一個人活得好好的，有好工作，有生存能力，為什麼要找一個人加上他的一大家子來給自己氣受？女兒看著受了一輩子家暴的母親，反而非常不解，和一個男人過得生不如死，經歷了那麼多的絕望，為什麼她還想女兒重走那條並不一定是什麼保障的老路？

於是女兒奇怪地反問：「我沒少給妳錢啊，我一樣會養妳的老啊，妳為什麼總在我必須嫁人這個問題上糾纏不清？」

「因為妳這麼大了還不嫁，別人會說三道四的……」

令人吐血的理由！

還有一個母親的兒子因重大生理性病變而精神失常。我想，雖然說孩子病了是件令人痛苦的事情，但那是一個母親愛其子女的痛苦。所以，即使這個母親心中難過，也斷不至於要嫌棄這個可憐的孩子吧？我深深地憐惜她的命運，直到後來不知哪天聊起嫌棄孩子這個話題，這個母親恨恨地說：「我是最恨××（她的病子）了……」一副很痛苦的樣子。於是我強調，她的痛苦是來自於愛子，雖然她口頭上這麼說，但絕無嫌棄的可能。而旁邊一個女子馬上說：「妳錯了，她是怕別人說。」

我一聲嘆息，這個可憐的母親當然是一個比較極端的例子，但生活中有多少人為了別人上下兩張嘴皮的翻動而挖空心思啊！似乎滿足了他人的挑剔，我們就重要起來了，就能擁有更多的愛，更多的價值肯定和更多的安全感。但這完完全全是本末倒置的活法。

我們自然要在乎別人的看法，但眾口難調，你滿足了這個人的需求，滿足得了那個人嗎？滿足得了所有人嗎？如果為了成為別人口頭上滿意的人而疲於奔命，這對我們的自愛本質是一種多大的戕害？內心得有多脆弱的人，才會被外界的任何風吹草動所鼓動而澎湃不已？

我沒有看不起虛榮的人，因為虛榮本身是一種意志上的疾病。因為虛榮折射出的是一個人的無能為力。就如我提到的那個母親一樣，她沒法一下就證明別人說的是錯的，也沒有能力通過自身的努力去改變別人的看法，假如她有辦法，最好把別人的評價「那家人真倒楣，好不容易生了個兒子，還是個瘋子，她肯定太招晦氣……」改變為「那個女人真了不起，在那麼艱難的情況下，還把日子過得風生水起的……」

把眼淚留給最疼你的人，微笑留給最傷你的人——讓人看不起的可能會是一個人所處的環境，但讓人讚嘆的，永遠是個人的品格力量。

只有有能力立刻用事實修正亂說的人，或通過自己的努力可以重塑評價的人，才不會過分在乎外界的看法。比如，有人說水是向天上飛的，我們馬上就能用事實證明他是錯的。比如，有人說我們找不到好工作，結果我們第二天就去一個人人眼紅的地方上班去了。如此，別人的胡說不僅不能傷害我們，反而會讓我們得到一種反擊的快感。

所以，我同情虛榮的人，他們是流言的奴隸。

我們愛自己的唯一方法是增強自己的實力，內修強大的心理調適力，外學專精技術能力，當我們能用自己的實際行為能力去改變一切時，外界的評價便不再會成為我們的困擾。

我們都是巴士上的旅客，不妨享受這趟旅程

生命是永恆不斷的創造，因為在它內部蘊含著過剩的精力：它不斷流溢，越出時間和空間的界限；它不停地追求，以形形色色的自我表現的形式表現出來。

——泰戈爾

生是一件莫名其妙的事，死是一件無可奈何的事。生的時候，我們的人生彷彿被誰突然丟在了一片無邊無際的複雜迷宮裡，不可以回頭，因為大門已經封死，不可以停留，因為我們需要清水和食物供給，需要避免毒蛇和陷阱。我們只能摸索著一步一步走下去，也許遇上的是危險和傷害，也許遇上的是鮮花和幸福，有各種情況會讓我們悲欣交集，由於對幸福的渴望，也由於我們需要尋找更多的供給，我們只能在這座苦樂難以預期的迷宮裡不斷走下去。

這時，一騎紅塵揚過，你手中多了一幅迷宮地圖，那是策馬揚鞭的慕顏歌給你的。如果你喜歡冒險和自我探索，可以扔掉地圖自己繼續摸索，受傷了就自我治

療，饑餓了就自己找吃的；如果你不喜歡刺激，你就根據地圖指導，避開所有危險，只走安全的路，不過也會少了跌宕起伏的體驗。總之有選擇就有得失，全看你的心理需要。

假如迷宮是未知的人生，那麼清水和食物則是生存必備的經濟條件，藥品則是你的心理素質和自我療傷能力，而毒蛇則意味著人生裡的各種傷害，如被否定、批評、欺騙、背叛以及拋棄等，地圖當然就是慕顏歌的心靈成長理論了，用不用全在看倌你。

生命的一期生死過程不過只受兩種本能驅使，一是生存，一是繁衍，其他一切情感取向、行為選擇和社會上的自利與利他契約法則都必然以此為基礎。沒有個體的保存與繁衍，也不可能有社會的發展與壯大。對彼此進行約束的公共契約，也只是為了保護更多個體的安全。

而我們沒有選擇遠離文明，心甘情願地交出一部分自由接受社會約束，也只是因為只有付出一部分自由，接受一部分束縛，才可以換取我們做為獨立個體時無法滿足的利欲需求。如此來看，我們就會相信，我們的任何行為都是為了自己的絕對利益。很多東西是貌似對立而實際統一的一體兩面，很多自利行為，本身會實現利他功能，同樣的，很多利他行為，也會實現自利功能，如此我們彼此才有了相互合作和依賴的可能，也因如此才有了社會和文明。

我們從小受到的道德教育是禮義廉恥，覺得人與人之間應該相親相愛、真誠互助，面對利益要你謙我讓、互不欺騙等。這些道德理論，你從三歲起就開始知道，但到八十歲了也沒做到幾條。所以後來你或許也隨大流地庸俗了下去，但是內心深處，還是會覺得遺憾，因為你會認為，社會出問題了才變成這樣的，一個發展完善的社會應該像我們小時候認為的那樣美好才對。

並不是說世間沒有兩肋插刀的兄弟，生死相許的愛情，相反，朋友間的肝膽相照，夫妻間的不離不棄以及父母、子女、兄弟等一切社會關係中的各種情感糾纏，那些正面的情感讓我們溫暖，那些負面的情感讓我們悲傷。這些，都是不爭的事實。

這樣的時代，任何人都需要過得冷靜而寬容。我們應學會接受事實，避免自己想當然地將自我凌駕於他人之上，避免讓自己的聲音變得攻擊、浮躁而喧囂。有的人完全不懂得自己的社會屬性，不懂人與人之間的關係是平等價值交換，於是動不動就揮舞道德大棒，用一套應該和不應該的標準，強迫全世界都繞著自己轉，變相推廣他們的精神暴力，結果給他人帶來極大的煩擾。

所有人際關係都是一樣的，無論別人是對我們好，還是對我們壞，沒有是非對錯，都是人性中的自利和因自利而產生的利他表現而已，是所有利益較量的結果。我們不要期待他人都對我們好，也不必因為他們對我們壞而失望。

我們要明白，人與人之間，沒有誰應該徹底無條件地對誰好。即使是父母，就算他們對我們沒有任何物質回報的期望。

愛人也是如此，本來我們與各自的另一半只是兩個陌生人，後來才相識的，要沒有對人家的付出（包括情感），人家憑什麼對我們好？再火熱的付出，如果總是得不到哪怕一絲絲的回應，再熱的心也會逐漸冷下來。

我們要感激對自己好的人，對我們不好的人，我們也可以報之以理解。總之，盡量不要對任何人有任何非分期待，以使自己的心靈不要總因期待落空而受傷。

當然，我們可以為別人做任何事，包括取義成仁，但這些都只是我們個人的行為選擇，不是因為我們付出甚多所以得來的回報。如果我們把自己的某些行為選擇當成付出，由此必然會產生的就是等值回報思想。先別說世間根本沒有一條定律決定了付出一定就有回報，單是基於這只是沒有明確標準的非契約行為，執行起來也非常難。

所謂的回報，一定要得到大於付出時，我們才會感覺真正得到了回報。我們送別人一個木瓜，期待的卻是別人報我們以美玉，好比我們只付出了五塊錢去做生意，結果賺了一百塊時，我們心理上才會覺得值一樣。用賺得更多利益的心態去付出，是一種加上了道德綁架的交易，你期待人家自覺地讓你賺得更多，這對另一方來說公平嗎？

經常挨打的孩子必然不會多愛父母，儘管父母給了他血肉之軀。經常受家暴的主婦也不會多疼愛丈夫，儘管他可能要養家，儘管她對他也曾經愛戀傾城，因為再深的愛也很難抵抗精神摧殘和肉體上的傷害，除非她受傷太深，患上了斯德哥爾摩綜合症，變得對暴力有依賴傾向。

個人道德和隱藏在社會意識中的隱性自利可能讓一個人為另一個人奉獻一切，甚至包括生命，但絕對沒有人受得了沒有原因的傷害，因為自尊是我們的底線。這個世間各種現象並存，我們所有的失望和傷心都來自於我們對某個人或某件事情有期待，尤其是無視事實的期待。

我們要更冷靜、更智慧、更獨立地去愛別人，包括處理親情和友情。多愛我們的人也不可能完全以我們為中心，因為別人同樣有著追求生存與繁衍的自利本能。即使是一個全心全意照顧孩子的專職母親，閒暇時也要犒勞一下自己，會去和朋友聚個會，逛個街，吃個飯，跳跳廣場舞；否則，總圍著孩子轉，會讓她感覺失去了自己。從另一個角度來說，如果一個人受到過分的關心，並不見得會覺得有多幸福，相反，他可能會覺得吃不消。

別人無法用自己的感受代替我們思考，我們也無法準確地把自己的感受表達給別人，個體的有限性使得我們注定只能了解自己，而無法代替他人。

如此，我們既能不再糾結於某些錯誤觀念導致的痛苦，還能理解和寬容其他人的一切做法和想法。如果不是物質利益的衝突，那就一定是情感利益的衝動。當然了，正常的社會必定會提倡行善止惡的原則，那些有反社會人格的人除非遠離社會，待在社會裡必然會被社會所鞭笞。

如果我們如此去理解他人，冷靜分析，我們的氣量就會逐漸變得寬廣起來，不會因一時一己得失或社會上的惡劣行為而糾結或是偏激。

明白了，那麼我們便可以在為人處世時多一分智慧，少一分迷惘；在既遵守社會契約的同時，又不為利益所牽絆。如是，不以物喜，不以己悲，才能寵辱不驚，波瀾不動，做一個有獨立人格的人。

有獨立人格的人，時時都能把自己的意識抽離出來，像看別人一樣，來看自己這副軀殼的所思所行；像觀眾一樣，看它犯的糗事出的醜，和他人一起嘲笑一起取樂。如果我們可以像評判他人一樣評判自身軀殼的所作所為，那麼，會發現這個身體所做的事情有時夠蠢，有時夠醜，有時又是那麼好笑或者卑微。既是如此，我們又有什麼資格來嘲笑別人？

我們都是巴士上的旅客，是相互嘲笑還是享受這趟旅程，完全取決於我們自己。我們要把建立獨立人格的過程當成一場慘烈的戰爭來打。這個領域裡，你就是創世者，你的意志就是規則，就是法典，不可更改，不可阻擋。我們可以從心所欲不逾矩，欲悲則悲，欲喜則喜，心中再也沒有半點的後悔和迷惑，通達了世間萬物的本質而不離紅塵地行走於人間。

幸福有門，但是我們不能拿錯了鑰匙

人與人之間的相處之道，需要溝通，溝通不成則妥協，妥協不成時，你就原諒和容忍他吧。

——聖嚴法師

一天，身邊兩個小女孩問我：「假如妳的情敵和背叛妳的那個人同時掉進水裡，妳會怎麼辦？」我哈哈一笑：「趕緊救人啊！沒事兒別給自己找那麼多敵人。」

她們略帶失望地告訴我說，我的答案不夠性情——有的人說自己會高興得到舞廳去跳迪斯可或去KTV吼幾嗓子，有的人會說錄影下來回家慢慢欣賞……

我心中一聲嘆息：心裡容不得一點異同的人，才會處處發現別人不是要和自己為敵，就是要和自己搶東西。心靈狹隘的我們總是忙著去審視每一個與自己交往的人，對與自己的價值觀不同的人，我們說「道不同不相為謀」，不願與之合作或相處；對與自己意見不合的人，我們可能視之為敵人，一心想排擠，甚至恨不得除之而後快；對與自己某些特定需求相同的人，我們更加難以容納，分分鐘盼著對方自動人間蒸發。天哪，這樣下來，我們還有幾個可以勉強交往的人？更別說遇上值得交心的朋友了。我們正是因為處處要與世界為敵，結果才處處被世界當敵人對待的啊！或許，是傳統文化的缺失，修身養性教育的缺乏，才導致了一些人連最基本的人性或包容力都沒有的吧！他們對世界充滿了警惕之心，到處去尋找敵人或潛在敵人，結果把自己的日子過得苦不堪言。

漢語裡有一個詞叫大同小異，我們通常用它來形容大致相同的對象。但若是真的能把這一詞進行一些聯想，那麼我們的心量絕不至於如此狹小。理解了這個詞，就理解了共情，就理解了個性，理解了我們與人為敵的主要原因就在於既不能理解他人的共情，也不願接受他人的個性。

何謂大同小異？

一種大範疇裡的大同，是說世界只是一個由有限的一些元素經過特定的形式組合而成的。而其小異，是元素數量或原子的排列方式，這決定了我們是成為草木土石，還是成為魚蟲鳥獸，或是幸運地成為一個人。人與人之間的大同，是在正常狀態下的你我，都具備四肢五官、七情六欲。

小異則是五官、膚色、性情與成長環境的差異。

大同決定了我們的共情，小異決定了我們的個性。愛上令自己心動的異性，爭取對自己有利的地位，是共情；喜歡不喜歡足球，愛不愛看肥皂劇，是個性。愛美食華服，爭一己之先，是共情；愛不愛吃某種菜，受不受得了某類服飾風格，是個性。

誠然，在自己遇上競爭對手時，滋生排擠心，打壓心等，也是人之常性。但是不是要處處去留意有沒有人要惡意與自己競爭，或在擁有絕對控制力時，拋棄最基本也最重要的念頭：對同類的慈悲，而不是要置那些可能傷害過我們的人於死地。

何況，一個巴掌拍不響（其實，拍石頭或桌子也會響起來，但總得有個回應物），任何一種問題絕非單方面產生的問題，若一味地扮演無辜小白兔的角色，把自己遭遇到的傷害歸因於他人純粹的惡意傷害，那麼只會離幸福越來越遠。因為，做為小白兔時，還有一部分人願意去接受，願意去試著改變你，但到成為老白兔時，大家都對你形成了定見，再也不可能有耐心去糾正你的錯誤觀念。讓少數人死心或許你還有救，惹得所有人都死心了，恐怕你就不太有救了，所以那句話叫「不作死就不會死」。

一個事業有成的女孩打電話告訴我，她感覺自己日子過不下去了，很想離婚。她的丈夫從不體貼，每次吵了架都要她去哄，公婆摳門，孩子又不聽話，一家人都不省心。弄得大年三十，她一個剛流掉孩子要坐小月子的人，卻不得不獨自搞大掃除，於是怒上心頭，和老公大吵了一架。又因為年夜飯吃得晚，結果害她趕不及去某個寺裡燒頭炷香……

好在我對她的秉性甚為了解，根本不會聽她片面的言詞。記得上次她和父親鬧矛盾時，她找我傾訴父親的不是，我比較了解他們家的情況，於是肯定地回應了她父親確實不怎麼對，她便惱了，說：「我找妳說，是想妳會安慰我，說他幾句好話！」

我說：「我上次說他好話，妳同樣暴跳如雷，覺得我是站著說話不腰疼。我要不說話，妳大概又會責備我不關心妳的感受，妳說妳要我怎麼辦？我又不是妳肚子裡的蛔蟲，哪兒曉得妳究竟要我怎麼辦？」

她默然不語，我又說：「妳總是覺得別人應該怎麼樣，對吧？妳能不能不覺得別人應該怎麼樣，而只是做好自己的，不想做就不做？有人強迫妳大掃除嗎？妳老公的職位妳也知道，瑣事特別多，單位的事已經夠讓他心力交瘁了，哪兒有工夫去猜妳要怎麼辦？寫不完的公文，做不完的材料，理不完的報告，夜裡常常一個電話就得給領導送個什麼東西，他過得也不容易啊！」

她說：「可他明知道我剛流掉孩子！」

我說：「妳說清楚了嗎？一個被公務纏身的男人不容易去有意地想與公務無關

的事。妳流掉孩子，他又沒阻止妳休息，也沒有讓妳搞打掃。妳為什麼總是做妳不想做的事，然後怨氣沖天，弄得所有人都不快樂？妳可知道，電視上有一對要離婚的夫妻，那個女的總說自己付出了很多，男人呢？知道她確實付出了很多，但他寧願她一點兒也沒付出，他寧願淨身出戶，去租地下室，也不想再忍受她任何一點兒語言暴力。因為她總拿自己的付出站在道德制高點上抱怨男人、指責男人。妳要嘛做，要嘛別做，做了就別因為別人不能理解和肯定就抱怨，不做也不能指望別人去做。妳究竟明白不明白，妳只有決定自己做不做的權利，沒有要求別人自覺不自覺的理由。再說，妳如果實在覺得大掃除很必要，妳幹嘛不進行要求？非得自己做完後，一邊罵他不關心妳，一邊委屈連連？妳完全可以對他說：『親愛的，人家剛流掉孩子，要多休息，你做下掃除好不好？』我真的不覺得一個正常男人會拒絕這樣的請求。」

她有些釋然了，又問：「可是每次吵完，都要我去哄他，我不甘心啊！我可是一個女人啊，難道男人不該哄著女人嗎？難道男人不該包容女人的情緒嗎？妳都說了男女思維差異很大，但女人和男人的差異，不就是女人情緒化了點兒嗎？」然後她又聯繫起自己老公是倒追來的事實，覺得因為這樣所以他才不珍惜自己，於是感覺更加委屈了。

——這不是自找苦吃嗎？

首先說說倒追問題。

倒追是個偽命題，兩個人相愛不相愛，和誰先追求誰無關。有一句話說得好，一旦結了婚，談戀愛的過程就不重要了。我見過不少戀愛前或婚前被追得心花怒放，到後來被打得滿地找牙，平時還老被男人看不起，更別談什麼被關心和在乎的女孩兒了。我也見過倒追男人追到手後，男人捧她捧得上天入地的人。一般來說，兩人能在一起，一定是彼此有意，而絕不是單方面的被追求。

女人一旦情緒化，總是把不相關的東西聯繫在一起，比如把被追與被疼愛聯繫在一起，把倒追與跌價聯繫在一起等。平時老看肥皂劇，怎麼就不長點兒記性？追女人最狠最猛烈的往往是始亂終棄的混帳小子。一個男人被倒追，至少說明他還算優秀，至少他並不濫情，沒有對身邊所有的女孩都亂獻殷勤，不然何來倒追呢？

其次，男人是不是應該包容女孩的小脾氣？

這個問題大概是很多戀愛中的小女生都會遇上的問題，她們會認為自己是女孩，所以男孩應該包容自己的小脾氣。這話在一定程度上沒有大問題，但是，人一任性，就會得寸進尺，超越可以放任的程度，甚至直踩對方的忍受底線。把小脾氣控制在一定程度內，才會讓男性覺得妳在撒嬌，才會更加疼愛妳。

「繡床斜憑嬌無那。爛嚼紅茸，笑向檀郎唾。」寫的是活潑淘氣的妻子唱了會兒歌喝了點兒酒，斜靠著床榻嚼著紅絨線，笑著吐到自己身上，這種玩笑，即使是身為皇帝的李煜也樂於接受，甚至寫成紀實文學〈一斛珠〉昭告天下：你們看我多有福氣！所以武俠小說中對女孩的可愛的抱怨用的是「嬌嗔」這個詞，要半撒嬌半責怪，才會惹人喜歡。

他有錯，妳輕輕地嗔怪，在他的內疚的範圍內怨他，責備他，警告他，再告訴他日後要注意什麼，他會覺得妳通情達理的。但可憐的女生們一任起性來就超越對方的內疚範圍，結果把別人激怒了，兩人就這樣吵了起來……所以，男人會包容他內疚範圍內的小脾氣，會包容他覺得妳做為女性的一些小小的非理性行為，但絕不是無原則、無底線地忍受女孩無緣無故、沒完沒了的橫挑鼻子豎挑眼。

再次，男女思維差異很大，男性是不是一定會包容女性一時的情緒化？

無論男人，還是女人，首先都是人。人的共情是：沒有誰喜歡發脾氣的人。如果一個人能忍受別人發脾氣，要嘛是因為知道原因，感覺很同情很理解，要嘛是因為自己做錯了事，感覺很內疚。但女人對男人發脾氣往往兩種都不是，雖然她們有很多理由說出男人的不是來，但那些生氣的理由男人根本不知道，可以說很多時候男人都在受冤枉氣。男女思維差異大，不能說明他們應該包容我們的情緒化，而是說明他們並不能理解我們的情緒化是一件太正常不過的事。

這個女孩先在心目中把自己的老公塑造為一個不關心自己的冷漠男人，自己不高興地搞了大掃除後，又滿腹委屈地發脾氣。大年三十還要上半天班的老公回來後見她生氣了，不敢再說什麼，只好保持沉默。後來女孩氣消了，覺得自己發脾氣太過分，又不是一個耐得住賭氣的人，於是又去找老公說話（就這一行為來說，她覺得自己放下了自尊）。由於反覆如此，她老公形成了一個思維模式，她不高興就不要說話，等她來找自己說話時，就說明她氣消了，可以正常交流了。你說這女孩，真是活生生地把自己整得那麼痛苦！

要做一個聰明女孩，一定會懂得自己要什麼，不要用說反話、鬧脾氣來表達自己的需求。可笑的是，女人總拿一些瑣碎的事去驗證男人的感情，而男人又傻乎乎地去就這些事和女人講理。並沒有幾個男人會按照女性的思維方式，聰明地把那個缺少安全感的小女人摟過來狠吻一陣後說：別鬧啦寶貝，我愛妳，我們弄點好吃的行不行？

據說，成年人很難看見自己本身，對此我深信不疑。一些表面的、膚淺的東西往往使我們忽略了事物深處的奧秘或本質的東西，以至於他們只能用一點簡單的本能反應去對付時時在變化著的龐雜世界。好比只懂四則運算的人想去演算微積分，在找不到正確的答案時，不是覺得自己應該繼續在數學上提高，而是覺得，你明明知道我只會四則運算，為什麼要給我微積分演算？你應該給我四則運算才對！又或者覺得，四則運算怎麼行不通，肯定是題目出錯了——自己遇上了問題，便覺得全世界都錯了。

幸福有門，但是我們不能拿錯了鑰匙。我們只能在還有門的時候，努力尋找對的鑰匙。待到沒有門時，有鑰匙也沒用了。所以，蘇格拉底說：「我只知道，我一無所知。」

所以，別總扮演受傷的小白兔，這個世界沒有那麼多的大灰狼。對個性與自己不同的人，我們可以不欣賞，不像他們那樣行事，但允許他們存在。對自己的競爭者，我們也可以原諒自己有排擠心和打壓心，但絕不可以將這種心凌駕於對人道關懷的慈悲心上。

我們會有各種脾氣和情況，但是不代表別人尤其是身邊的人全能理解，會對你主動關心，心疼不已。假如我們很生氣，一定要讓他們知道我們為什麼生氣。不要在需求和願望都破碎之後，才用抱怨和責備的方式去表達。

生命有多少路口，走過一生才知道

僅僅在昨天，我認為我自己只是一個碎片，無韻律地在生命的穹蒼中顫抖。現在我曉得，我就是那蒼穹，一切生命都是在我裡面有韻律地轉動的碎片。

——紀伯倫

西方人理解事物的方式是解剖，一個細節一個細節地研究。中國人理解世界的方式是總結，從萬事萬物的演化上總結共性，但是，有時候這些共性只是然，不是所以然。共性背後的深層原因，他們沒有去思考過；或者有思考，也很少。後人能做的便是驗證，反覆發掘，然而很少有人去想古人所總結的共性究竟意味著什麼。

中國人的特點是善於總結，所以總結系統相當地發達，唯一不好的就是總不剖析、不顛覆。如《易經》這般的經典，一開始就道出了它的意義就是總結。「觀象於天，俯察於地，遠取諸物，近取諸身」這句充分說明了我們古人是用什麼方法進行總結的。

我們發現了氣機循環往復的運動生化了萬物，由此有了中醫學術體系，這是卓越的總結，但是我們總停留在總結上，不去分析為什麼。

所謂「天一生水，地六成之」，為什麼陰陽五行可以生化出萬物？為什麼肺經之病用白虎湯就能治好？我們古人只能總結出，因為病在肺經，金氣之收斂有問題，所以要讓金氣的收斂恢復正常，才能痊癒。發生疫病，我們會認為這是因為天地和人體的中氣不行了，雖然通過調養中氣確實有神效，增強體質就能治病，但沒有人想過，疫病究竟是起自於何種細菌，這種細菌有什麼特點。

好在中醫的藥有的真能殺菌，有的確實增加了自身抵抗力，中醫的確能治好病。令人深為敬佩的中醫學，其實也暴露了我們不會剖析的問題。當然，中醫大家的治病效果確實還是很好的。並且中醫那套哲學，實在是了不起。可惜啊，後來的人多是囫圇吞棗，迷信權威。

不光是儒家和道家的理論以總結為主，缺乏具體的方法，連外來的佛家，也是以總結來略微推理一二。雖然如此，很多人還是深愛佛理，因為佛理確實把一些道理總結得很到位。

比如佛言：「由愛故生憂，由愛故生怖，若離於愛者，無憂亦無怖。」

當然，這裡的愛絕不是單指愛情，而是指我們對所有人、事、物的貪戀、執著、愛護、不舍、思念、擔憂以及占有欲等，包括對自己身體、名譽、心情的愛惜或貪求。全人類的恐懼、憂愁、悲傷、糾結、嫉妒、緊張、自卑等等所有的負面情緒全都來源於貪愛。這條道理就總結得很好。

是的，人際交往中我們的煩惱或恐懼，都是因為患得患失，但它絕不是最根本的原因。

比如有人研究達官貴人之家，研究富裕殷實之家，再研究貧窮困苦之家後，得出一個結論：凡是講究孝悌的人家，都過得比較幸福；凡不孝之人，都過得不幸福。這是正確的，但是為什麼正確卻不知道，淪落到要用單一的因果論來解釋。那些真正做到了孝悌的人家，往往都是書香世家，這意味著：受過教育浸染的家庭成員往往知書明理，沒有人會選擇無理取鬧；他們之間有共同語言，成員往往又有強烈的家族榮譽感；父母兒女關係容易進行良性迴圈，即使父母不能給予孩子物質上的幫助，孩子也會通情達理地接受，即使孩子在外面受了傷，父母永遠支持他，會幫他療傷。也就是說，這樣的孩子會活得有底氣，因為心裡有一個安全港，因為他相信，即使到了最壞的地步，父母也會給自己最好的幫助。這樣的他，如何能不孝敬父母？父母的賢德和家族良好的名聲使得他的為人處世也極受歡迎，所以機會多多，交際廣闊，他又豈能自毀名聲，失去受人尊重的資本？他又怎麼能不為成功而努力呢？

又如古人總結出的「妻賢夫禍少」，是說妻子賢慧的家庭會慢慢發達。要弄明白這之間的因果，首先要看懂「賢慧」二字。

賢，是品德賢良；惠，又同慧，是富有智慧。有才能、有智慧，善良而明大義，才可擔得上賢慧兩個字。這樣的女子，能使夫君在外拚搏時無後顧之憂，在外受挫時，得到鼓勵重新站起來，兩人相互扶持，相互理解，這樣的夫妻，小日子哪會有不好的道理？而女子達到了賢慧，其思維模式乃至精神高度，是與丈夫可以相互交集並且高度和諧的，這其實是可遇不可求的。如果夫妻之間的思維模式與精神高度沒有交集，丈夫動輒被妻子打擊，被她的無理取鬧弄得無法抽出身心在事業上努力，或者妻子面對丈夫的得過且過、不思進取一籌莫展，對他的胡作非為無可奈何，兩人疲於交戰，這樣的夫妻，又怎麼可能過得多好？

所以說，一種經驗總結得正確很重要，弄明白原因也很重要。

有個故事說：一個苦者對老和尚說：「我放不下一些事，放不下一些人。」和尚說：「沒有什麼東西是放不下的。」苦者說：「這些事和人，我就偏偏放不下。」和尚讓他拿著一個茶杯，然後就往裡面倒熱水，一直倒到水溢出來。苦者被燙到，馬上鬆開了手。和尚說：「這個世界上沒有什麼事是放不下的，痛了，你自然就會放下。」

粗粗一看，覺得故事頗有道理，但再細細品味卻會發現禁不起推敲。我常常想，編這種故事的人是不是缺少悲憫心，竟如此輕易地藐視最現實的苦難？假如一個人受真實的肉體苦難，比如被綁在柱子上受鞭笞火燒之刑的人，難道說句「把痛苦放下吧」，就能免去痛楚，平心靜氣地接受酷刑？

假如一個人剛剛失去他最心愛的戀人，和伊人的很多生活有一大部分都已經深深地與他整個精神世界融合在了一起，我們輕飄飄地說句：痛了就能放下，他就可以全然與過去決裂，興高采烈地過新的生活？

很多時候，我們的痛苦，並不是隨時可以與自己割裂的孤立存在，而是根植於我們整體裡的很大一部分。放下痛苦，就得與自己的一部分割裂，得有壯士斷腕的勇氣和壯烈，不是痛了就能放下，而是要撕心裂肺、血肉模糊地把痛苦斬斷，我們才不得不放下。

如果用社會生物學來解釋貪愛，那就是生命執著於本身的存在和延續，清楚地知道自己的有限性，所以希望通過控制更多的資源來保存自己、繁衍後代。貪愛不過是一種缺乏安全感的心理疾病罷了。

假如我們不知道自己貪愛的根本原因，而徒然地讓我們放下執念，這幾乎是不人道的。因為我們的肉體，正承受著真切的冷熱痛癢，我們的精神世界，正承受著真切的愛恨情仇，這哪是說放下就放得下的？

由此可見，有一些生命問題，我們無法最終探求道理，就像遊戲裡的角色永遠不知道自己被哪個人操控一樣，它被操控著，飛車狂飆無所不能，但它無法從3D世界裡跳到四維時空裡來看待問題。我們本來就在生命裡，所以沒有辦法看到生命維次空間以外的東西。「不識廬山真面目，只緣身在此山中。」

生命有多少路口，要用一生的時間走過才能知道，人生碰到的種種問題，可能你窮盡一生也無法想透。

只要我們還活著，就得在肉體上經歷最真實的冷熱痛癢，在精神上經歷頻繁的喜怒悲憂。

沒有誰真的可以無視或遮蔽這些體驗，除非生命結束。我們唯一可以做到的是增強自己的內心調適力，以使殘酷的人生中可以多一點樂觀，多一點活下去的希望，多一份通達，多一份堅強。

就如同紀伯倫所說的那樣：

僅僅在昨天，我認為我自己只是一個碎片，無韻律地在生命的穹蒼中顫抖。現在我曉得，我就是那蒼穹，一切生命都是在我裡面有韻律地轉動的碎片。

外界再紛擾，我也是我的蒼穹，一切生命的體驗都是在我的宇宙中有韻律地轉動的碎片，組成我的人生。

不要輕易對他人抱有期望，這會使你變得沒有自信，乃至把別人的每一句話都當成真的，然後在無盡的失望裡走向絕望。任何人並不是單指身邊的人，還包括我們看過的所有的古書、史書、現代作品、主流宣傳、網路觀點、師長教育以及你現在正在讀的這本書，我們都要思辨後，再選擇性地揚棄。

獨立的人格，自我圓滿的方法，內心強大的武器，都離不開獨立思考能力的協助。這並不是說我們要成為一個徹底的懷疑論者，只是人格的獨立性還需要一些理性分辨精神。任何東西一經帶有主觀意志的表達或陳述後，就已經不是它本身了，再經過我們對資訊的偏好性選擇，就更加偏離了原有的模樣，所以，獨立地分析所有資訊，從多角度思考其邏輯，是我們不被誤導不被欺騙的前提。就這樣，站在人生的路口上，我們真誠地總結過往的經驗，用獨立精神來研究現象，如是，無論下一個路口會有多複雜，我們總會自信地邁出每一步。

PART 5

把眼淚留給最疼你的人，微笑留給傷你最深的人

天空沒有痕跡，但是鳥兒已經飛過。
我們把世界看錯了，反說它欺騙我們。
我不乞求我的痛苦會停止，
但求我的心能夠征服它。

笑，世界與我一同笑；哭，卻只能一個人哭

不管活到什麼歲數，總有太多思索、煩惱與迷惘。一個人如果失去這些，安於現狀，才是真正意義上的青春的完結。

——渡邊淳一

從前，有一個女孩，雖然出身平凡，相貌普通，可是她覺得自己就是一塊沒有被發現的金子，終日因為感覺自己「懷才不遇」而痛苦。其實她也就小學時的成績比較好，卻總自恃聰明感覺高人數等。其實她不特無一技之長，極難相處，還總是多愁善感作林妹妹狀尋愁覓恨怨人生，並且和身邊人都合不來。

開始，她想通過嫁人改變命運，但是在生活中嚴以待人、寬以待己的她，自己的碗可以三天不洗，卻見不得別人手上有油漬，潔癖和嚴重的精神潔癖使得她總是以貌取人。而且由於自身的訴求是出於改變困境的需要，她不僅要求那個男人形象清逸優雅，還盼望他多金的同時慷慨大方又專情。

年少時分的她，雖然頂著毫不出眾的小臉而奔走在尋找錢多、腦傻、人帥、情專的有錢人路上，但老天眷顧，還是遇上過好些良家男子：

第一個年輕人為她傾盡了心，可惜她始終看不來人家的長相，談了兩個月連手也沒給人家牽過就跑了。

後來的那個形象還可以，家境也還不錯，兩人大張旗鼓地辦了訂婚儀式後，發現在夫家並不能做茶來伸手、飯來張口，家務「勞動」只是看看書和電視購購物的少奶奶，那個家裡有很多規矩和制約，於是她趁著結婚證書還沒拿便逃掉了。

那一個非常喜歡她，也符合條件的小帥哥的褲子太大了、穿歪了，她嗤笑人家的品味，便再不相見。

那個有著自己公司的深情男子，他媽媽做飯的手是黑的，於是獨自默默閃人……

這個奇葩女就這樣一直奔走著，嘆惜時不我予、命運不公。她只能掙扎在最底層裡，偶爾寫點小東西發雜誌上掙點小稿費。也由於會寫點小稿發發，她始終覺得自己很有才，只是因為「千里馬常有而伯樂不常有」，世人有眼無珠不識她這塊金鑲玉而已。所以要她的工作她不要，她要的工作不要她。她希望在報社或雜誌社裡工作，可惜不學無術，真正的行業能力不是能寫點小稿就可以達到的……

多年的顛沛流離使她在絕望之時決定尋找解脫之道。機緣巧合，她遇到了傳說中的心智大師維摩詰，於是急急忙忙拜其為師，希望師尊可以告訴她改變命運的方法，破除她「懷才不遇」的苦悶。

維摩詰大師聽完她的傾訴後，沉吟了片刻，扛著一把鋤頭，帶她到了一個地方，說：「挖下去。」

女孩依言挖了半日，了無所得，不由得奇怪地問：「偉大的師尊，您究竟要我挖什麼？」

「金子啊！」

「這兒又不是礦山！也沒有任何資訊表明這裡有金子啊！」

「噢，那我們可以把這裡挖成金礦……」

「地球上百分之九十九以上的黃金都進入了地核，地殼中的金含量只有鐵的一千分之一，必須要到專門的地方採選，我們在這裡瞎挖，能挖出什麼來啊！再說，就算真的挖到了金礦，還要把礦石碎成粉末，然後用水沖走表面的泥沙，留下含有黃金的鋅沙。含量足夠多時，用硫酸和硝酸燒煮以消解其間的雜質，才能得到金子，我們怎麼可能隨便挖一挖，就能得到金子啊。」

維摩詰道：「那麼，想必妳是知道妳自身命運的原因了？」

女孩道：「師尊是說我還需要磨練嗎？」

聽了這回答，維摩詰沒有說話，兀自在前面走著，女孩只得緊緊相隨。走了不知多久，女孩只覺得前面亮光一閃，不由奔了過去，果然看見一根不知誰遺落在此的看起來純度很高的金條，於是欣喜地拾起來，摩挲不已。

維摩詰看了她一眼，怒其不爭地嘆了口氣，又帶她去了玉石原料市場。維摩詰指著一塊價格不高不低的石頭說：「妳把這塊石頭買了，這是塊和田玉。」

女孩搖了搖頭：「不買！」

維摩詰問道：「為何不買？」

女孩道：「不敢買。」

「為何不敢買？」

「雖然說黃金有價玉無價，和田玉也確實是世間珍品。但外面包著一層石頭，我根本不知道裡面是不是和田玉。再說，就算真的是和田玉，按材料來說還有籽料、山流水、戈壁料、山料之分，按品質檔次還有開門、洋油和雞油、粗大明、雞骨白之分，我哪兒知道它是塊什麼樣的和田玉，值不值這個價啊？」

維摩詰說：「那妳去找一塊妳覺得敢買的。」
於是，女孩走到一塊開了窗的和田玉原石面前說：「我敢買這個。」
「為什麼？」
「因為我可以根據開窗部分的質地和透閃度等一系列鑒別標準判斷出這確實是塊非常好的和田玉……」
女孩說完，忽然大悟：原來埋在地下的金子不可能被發現，只有經過燒熔提煉，使自己的純度足夠高時，才能成為發光的金子被人發現。原來玉原石也必須盡可能地把自己的價值展示出來，才有可能被購買。現在的自己頂多是一塊金礦，頂多是塊原石，人們看不見我的純度，看不到我的價值，就不會真的相信我。女孩一通感慨後，立志說：「我一定要先放下身段，多做多練，增加自己的經驗、知識與執行力等綜合實力，創造出相當的價值後，一定會有人認可我的！」
於是，可憐的小女孩又似乎滿血復活了，她滿懷感恩：偉大、永恆的師尊，你是多麼了不起啊！正欲轉身跪謝師尊，卻見維摩詰法身已隱。
這個女孩就是傻傻的慕顏歌。雖然改變很慢，但現在的我還是在改。第一，修正了自己的工作訴求，把原來的一味追求收入的思想改為：如果能從事自己最喜歡的行業，可以不要工資，只求有人給我機會，讓我在學習中成長。第二，確定自己最喜歡幹的行業是什麼，自己有沒有資格入行。如果沒有資格入行，我需要怎麼準備才有可能進入。

經過多日的思考，我還是覺得自己「有才」，要從事「有思想、有文化、有道德」的工作，要為天地立心、為生民立命、為往聖繼絕學、為萬世開太平，看起來我真是有理想！但目前來看，一天不上班就吃不上飯（這個不大要緊），要睡大街卻是個很要命的問題，我必須馬上工作呢！

但我喜歡的行業又不可能要我，怎麼辦？

女人的心思總是極糾結極綿密，不知深夜哭了多少次，為父母之不給力，為自身之不得遇而痛苦萬分。

但再痛苦，也沒人在意我的懦弱，即使哭，也只能自己一個人哭泣，然後還得自己慢慢抬起頭來。

痛定思痛之後，考慮到自己意志的脆弱性，我總算想出了一個比較可行的方案來：先幹自己能幹的工作，存半年錢，再離職找自己喜歡的工作。這樣，我至少可以堅持三個月的無薪工作或無業狀態。

後來終於機緣巧合，我如願地進入了一家嚮往的公司，頭三個月實習，只有兩百塊餐補。大約因為初入行實在太激動，所以工作非常努力、非常熱情，而且一些事做得頗讓主管欣賞，第二個月就漲工資，第三個月就轉正了。雖然後來經歷也頗曲折，但總算是在自己最喜歡的行業裡混了下來。

在恩怨糾纏裡死去活來無數回，才終於發現紅塵如此精采，精采到我感到必須要用最真實的情感及反思將我的激動表達出來。不過，我悲傷地發現自己寫的東西總是大講特講道理，一堆又一堆的前後論證使得文字讀起來並不輕鬆，而絕大多數讀者更喜歡心靈雞湯式的講故事、悟道理的形式。但是，比起那些自以為游走於人群之中片葉不沾身，自以為冷眼看世界的人，比起那些弄些格言和放些大道理或引經據典地弄些什麼做人智慧的書，我的筆尖只是蘸滿了笨拙的真誠。

笑，世界與我一同笑，因為歡樂屬於分享；哭，卻只能一個人哭，因為傷心屬於孤獨。

很多時候，我們都是在寂寞中行走，在孤獨中思考，然而又在其中成長。我獨自行走在路上，生來彷徨，而世界卻給了我全部天空。

世界會向那些有目標和遠見的人讓路

我屬於今天和過去，但是我的一些東西，將是屬於明天、後天和未來的。

——尼采

一個虔誠的牧師一直為人間的名利紛爭與情欲糾葛而煩惱不已。他目睹可惡的哥哥霸占了家產之後把可憐的妹妹驅逐出家門；紈袴子弟終日欺騙、糟蹋良婦好女；劫案不斷，盜匪叢生……於是不由得向上帝禱告道：「神啊，在祢的國土，人們不睦兄弟，不愛親鄰，貪淫享樂，多殺多爭。您竟拋棄了祢的子民嗎？」

上帝回答道：「非我棄汝等，實在是汝等琵琶別抱，心另有主罷了。」

牧師滿臉困惑：「神啊，我們三餐禱告，感激恩賜，祈求憐憫，時時念祢，哪曾有二心？」

上帝見牧師不信，便決定和他做一個測驗，測驗很簡單，如果有人能拿走上帝的金子，就證明那人確實一心信奉上帝，不曾轉投撒旦。

於是，上帝讓牧師把一堆金條放在大街上，並且對來來往往的人說，在半個小時內，每一個人都可以拿走金條，條件是一邊數一邊拿，最後，只要數得準，金子就是自己的，但要是數錯了，就得不到金子。

於是人們瘋狂地搶起金條來，但到最後，誰也沒有得到金子。

牧師非常奇怪地問那些拿金子的人，為什麼一大堆可以任意拿的金條放在前面，誰都沒有拿到呢？

其中的一人說，他一心想多拿點金子，於是拚命地拿，越拿越快，結果數數的嘴跟不上來，數著數著，就數錯了，所以沒有得到金子。另一個人說，他也一心想多得金子，於是他拚命地數，嘴越數越快，結果拿金子的手跟不上來，拿著拿著，就拿錯了，所以沒有得到金子。還有一個人說，自己被身邊的人擠來擠去，總是擠得他忘記數了多少，他一生氣也故意擠別人，結果金條掉的掉，散的散，誰也不知道自己手中究竟有多少，所以他們也沒有得到金條。

於是上帝道：「非汝等信吾，汝乃信金子也。」

牧師聽後，搖了搖頭說：「這只是人們苦於貧困，只是想擁有更多的安全感，以應對未來的不確定性罷了。」

「此事見微知著，足見汝等不信上帝是保障，故外求於金錢……故曰，非吾棄汝，實汝棄吾也。」

在這個故事裡爭搶的人，本來的目的是為了拿到上帝的金條，大家想的是「我並不想和人搶東西，我只是想拿到足夠的錢，但不想和人打架的我卻打了一架，想得到的錢卻沒能得到」，這是一個似乎很能說明「越是不想遇上什麼，結果就越會遇上什麼」這種論點的例子，但實際上，我們還是可以從細節上發現這論點不成立。

我們想拿金子的時候，固然想的是：我要拿多少條金子，但當一堆人都擠過來搶金條時，我們想的已經不再是自己在拿多少金子，而是：快搶，不然拿不著了！被人一擠一撞，害得自己又得重新計數時，我們又生了嗔恨心，於是又起心報復，結果，彼此相爭，彼此報復，誰也沒落著好處。假如大家可以分成幾個小組，和平、有秩序地去拿，估計誰都能分到一些吧？我們確實是因為想搶才與人搶，想打架才與人打架的。我們並沒有為拿到金子費多少心思和力氣，倒在如何與別人爭搶上費了很大的勁兒，所以得不到活該！

說到這裡，我想起了《大唐大慈恩寺三藏法師傳》中玄奘法師的一段極搞笑的經歷來——需要補充說明的是，這裡的玄奘法師指的是歷史上真實的高僧玄奘，而不是《西遊記》神話裡取經組合中的那個漂亮和尚、麻煩師父。

話說前往天竺取經的玄奘法師在一段荒無人煙的路上遇到了一個以劫掠為生的強盜軍團。

那時，玄奘法師剛從高昌國離開，帶著高昌王傾舉國之力而資助的盤纏（包括置備的法服三十套，連同遮避風沙的面具、手套、靴襪等，都是新的；黃金百兩、銀錢三萬，綾及絹等五百匹，充當玄奘法師往還二十年所用的資金；另有馬三十匹，僕役二十五人——按曰：高昌王對法師真是慷慨啊，準備了要用二十年的錢），真是一隻肥得油都流到外頭來的羔羊。

強盜們見財物那麼多，高興壞了，乖乖！白得這麼大一筆財富，得逍遙多久啊！三藏法師本就只有一小隊不大能戰鬥的隨從，強盜軍團人數又這麼多，只好眼睜睜地看著他們商量如何瓜分財產了，想著反正去財消災，大不了路上艱苦點兒。

不料最最戲劇化的一幕發生了，可愛的強盜軍團內部因為對如何分配財產產生了分歧，竟然彼此之間打了起來，越打越遠，最後自個兒跑遠了！

讀到這裡時，我既為三藏法師慶幸，又替強盜們冤得慌。

那些個爭鬥不已的人，什麼也沒有得到，還免不了有所傷亡。而那個已經準備將錢財撒手的法師，不但保全了自己，估計又悟得真理數條，大賺。

兩個很有意思的小故事，固然不能僅僅用一句「貪婪使人愚蠢」或「與人爭利，就像玩貪食蛇遊戲一樣，要嘛走進死胡同出不來而死去，要嘛被自己咬死」來簡單概括。但是，為什麼我們在面臨眼前即將得到的利益時，會那麼容易失去理智？

很多時候，我們即使沒有那些利益，也不會生活得更差，即使確實有利可爭，如果我們不以哄搶，而是理性分配的方式去和平解決，就不會兩敗俱傷，誰也落不著好了。

人真是太容易為眼前可得的利益而失去最基本的理性了——這有很深刻的心理成因。

出於安全感本能思考，我們很容易有落袋為安的思想，因為未來太不確定，既然眼前有利且有相當大的確定性，所以才會一爭到底，這就是我們骨子裡的短視本能。理性的短視是一種能讓我們合理安排人生的重要能力之一，因為我們必須要先保證當下，才有可能期待未來。

我在前面說過，人一旦由本能行事，就總是走極端了。短視本能演繹到極端，就會使我們陷入純粹的對利益的爭奪裡，每一個人都會為了讓自己的利益最大化而不擇手段，此為其第一大害。

唉！本來有這心理也沒什麼錯，但錯在我們往往會忽視一個最基本的現實，在一般情況下能與我們爭利的人，既不會強我太多，也肯定不比我們弱多少。彼此都不擇手段的唯一結果，就是兩敗俱傷或鷸蚌相爭、漁翁得利。

唯一能使自己利益最大化的最好方法，卻是和平協商、利益均沾——我不反對爭利，也不反對某些人願意在爭利中受傷，只是提供一種對即得之利的爭搶可行性。

短視的第二大害可能還要嚴重些——第一大害發生時產生的實質傷害更嚴重，但機率要低很多，而第二大害實在太普遍了，它使我們只去計較眼下的利害，而忽略了自身成長的可能性。

我看過一個有意思的分析：假設有兩個人，一個叫小強，一個叫小明，他們同年同一個專業畢業，在同一家企業工作，兩年後的月收入都到達了一個不錯的水準。小強覺得女人愛房子，所以買了房子準備結婚，而小明決定拿錢投資自己。

買了房的小強每個月只有幾百元結餘，所以不得不小心翼翼地避免所有的大額消費，避免所有的出遊活動。他心裡這麼想的：反正有房子了，熬一熬就能過去的！小明則開始把更多的錢花在自己身上，他覺得這個時候投資職業才是最重要。他看上了幾個認證和能力培訓班，也找經理要了一個書單，購買自己需要的書。同時他還拿出一部分錢做活動基金，因為他知道，在課程中結識人脈的收穫往往和課程一樣重要。

小明的投資很快收到了成效。他的簡歷上每年都會穩定地增加一個認證，他的能力也越來越突出，越來越多的機會降臨到他的頭上……而小強呢？由於囊中羞澀，就算想學習，也沒有能力投入。而且自己精力也不足，因為房子離公司太遠，每天回到家，就已經晚上九點多鐘，稍微收拾一下就該睡覺了。

幾年以後，一個在原來公司裡終日擔心失業，另一個卻已經成為獵人頭公司眼中的紅人。

人的未來怎樣，只有老天知道，因為看不到明天的樣子，承受不起理想的縹緲，人們習慣於抓住現在，感覺要過得實際一點、踏實一點才安心。歸根結柢，是因為缺乏個性和獨立的人格，沒有獨立思考能力，也沒有獨立判斷能力。

但是，世界只會向那些有目標和遠見的人讓路，如果缺乏自由選擇生活的勇氣與想法，只會陷入營營役役的來去匆匆之中。

與其去咬成功的尾巴，不如讓成功跟隨自己

人對外部世界首先應當盡力而為，只有在竭盡所能之後，才沉靜接受人力所無法改變的部分。

——馮友蘭

一直以來，我們很多人都受短視之苦，不知道如何突破命運的瓶頸。我一直很贊成大家要瘋要闖，一定要為自己的愛好去瘋去闖。但可惜得很，很多年輕人卻是因為一點點小利益在不斷發「瘋」不斷亂「闖」，三五百元的薪水浮動，就能讓他們選擇跳槽。

一個小男生在兩年裡換了十多個工作，總是沒多久就自動失業，因為在他看來，薪水沒有本質的提高，活還又多又累。他問我，要怎麼樣才能找到一份「好工作」——這「好工作」，不用說就是錢多活少職位高的。

我問他想做什麼，他說他畢業於師範大學，本來想當老師，但是苦於沒機遇，只好到北京來打工。他做過家教、幼稚園教師、編輯等等，還做過一陣兒記者，感覺那

些工作都太辛苦，還是希望能在學校上課。但正規學校進不去，私立學校對老師的要求又很高，所以他直到前一陣還只能在一個私人學校裡當招生老師。

據我所知，民辦學校是很缺老師的。雖然中國的學生會越來越少，但這稀缺的資源卻會越來越被寶貝，民辦學校以後拚的絕對是教學特點。基於此，我便問他有什麼特長，哪門課最拿手。他想了很久說，我感覺語文還可以，當語文老師也不需要多大水準，照本宣科就行了，而且我的字還寫得不錯呢！

我聽他說當語文老師不需要水準，只需要照本宣科後哭笑不得：任何一種工作都需要水準，並且水準越高越好。連生產線工人也需要極高的水準，因為沒有對工作的高水準要求，就不可能有生產線的改進，也不可能有文明的進步——現代工業革命一大里程碑不就是生產裝配線的發明嗎？一個想為人師表的人，思維層次這麼低，難怪沒人肯用了。

於是我坦率地告訴他，沒有一家民辦學校不需要特長，新東方就要你英語教得能夠別出心裁。你要當語文老師，就得有自己的特色，你能把艱澀難懂的文言深入淺出地講出特色嗎？你能啟發學生的思維嗎？

他不好意思地說自己的古文水準一直不好，然後又試探性地問我他能不能改教數學，他覺得自己教中小學生的數學沒有問題。我問他有沒有特別的學習方法，比如能把奧數學習變得像聽故事或玩遊戲一樣有意思。他驚訝極了：奧數學習怎麼可能像故事和遊戲一樣有趣呢？

於是我用自己的邏輯演示了一下，並且告訴他多想就一定能想出辦法來，我成功地用這一方法教會了一個小學三年級學生做六年級奧數。他聽了也覺得很有趣，可很快又搖了搖頭，說自己沒有辦法想出來用玩遊戲的方式教數學的招式，感覺自己可能當不了老師，問我到底做什麼工作才好……

我只好建議他多聽有特色的課，網上視頻教學很多，尤其要聽有思想、有學術價值的課，可以選擇自己喜歡的課程深入研究總結一下。不料他卻說自己很不喜歡聽課。唉！原來他只是想不勞而獲。我一聲嘆息，還能說什麼呢？我真的仁至義盡，無能為力了啊！

還有一個特別奇怪的現象，很多人在畢業之後，很不願意再為學習投資。他們的思維很奇怪，明明是自己不肯吃苦，卻說花了家裡很多錢，要孝順一下父母了，所以工資一定得多，才會做那份工作。或者自己已經畢業了（以為自己真有能耐了），不能再依靠家裡了，所以一定不能再去學習了。可憐的人啊，由於一直接受家裡的供養付出，自己從來沒有付出過，一旦要他們自己付出一點點兒來，就如上沙場般難受。

當然，也不能怪他們。因為他們既沒有付出的能力，也沒有付出的願力，更不知道自己的斤兩，只有生活這位老師用最殘酷的真相把他們摔打得頭破血流時，他們才有可能去反省，等到知道為年輕時的不努力而後悔時，既錯過了學習能力最強的階段，又陷入了生活安全困境裡——只要生活得下去，便足以使他們放棄學習；或是上了年紀，不甘心再學習；或是擔心學習會讓時間過得緊巴巴的；抑或是身心都累，足以使他們放棄學習。

與其爭利，不如努力。天道最大的公平就是：你越不付出，擁有的會越少。一個人的職場價值，在於他可替代率的強弱。越容易被替代，則工資越低、活越累；越不容易被替代，工資越高，活反而比較輕鬆。就像《壽司之神》裡八十多歲的三星級廚師小野二郎一樣，他的工作只是站在櫃檯前包包壽司，粗活累活全都由兒子和員工做，但所有的名聲，卻都歸了他一人，因為他包壽司的手藝無可替代。

最初的辛苦而不安定，到最後的既不怎麼辛苦，也不容易被代替，就是《周易》裡從「二多譽」、「三多凶」到「四多懼」、「五多功」的過程：

「二多譽」是指處於在成長階段的人很容易受到表揚，剛踏入工作崗位的人適應力強一些便會受到關注。

「三多凶」，則指過了適應期，由基層逐漸走向到中層過程的層次。這個時候，你經過了很多努力，也擁有了小小的成績，讚譽有加的同時毀謗隨之，這個時候要多加小心。因為你沒有多少權力空間，對很多事情不可掌控，所以要多做事，少居功，以免招來不測。

「四多懼」是指已經處於中層的位置，這個時候你會被下層覬覦，被上層注視，如果不用「戰戰兢兢、如臨深淵、如履薄冰」的心態來謹慎從事，很容易上下離心，兩頭受氣。歷史上很多大臣的不得善終就是前車之鑒。

「五多功」則是你已經掙扎到了比較高的層次，這時的你功成名就，在你的領地裡就像九五之尊，處處受到捧場。功勞都是你的，錯誤都是下屬的，抬手投足，處處會顯示出你的雄心和魄力，光芒恍如天上明月。

看吧！你若努力於提高自己，直到有一天不可缺少時，即使你不求名利，名利也會死死地跟著你。

說到這裡，我想起一個小寓言：小貓問媽媽幸福在哪兒，媽媽說在尾巴上，於是小貓拚命地去咬自己的尾巴，結果死活咬不著。媽媽說，你只需要往前走，幸福就會跟著你。

世間確實有官二代、富二代，但是，也有人是官一代、富一代。我們已經做不了富二代，不妨爭取做富一代。

只要我們懂得努力，只要我們在年輕的時候，一邊努力工作，一邊努力強化特長，總有一天，你的能力不僅會讓他人驚異，也足以讓你自己驚喜。

所以，在我們低微時，在我們初入職場還什麼都不是時，爭利不如努力。咬成功的尾巴，不如讓成功跟隨自己。

與自己和解，溫柔地與世界相處

憂於未來，故而我們關注一切事件產生的因由，因為掌握事件的因由可使我們以最有利的方式對現在進行安排。

——湯瑪斯．霍布斯《利維坦》

就在那天，我正對鏡塗遮滿臉的滄桑與憔悴，慨嘆「最是人間留不住，朱顏辭鏡花辭樹」時，電話鈴聲忽地淒厲地響了起來：「妹子，X哥走了。」我呆了半晌。這邊是我的其葉沃若付與了似水流年，那邊是故人的如圭如璧未能敵得過三更閻王。轉眼間，陰陽兩隔，曾經有著一百四十多斤重的高大身軀，在火化爐裡化成了灰燼三五兩。

「多情自古傷離別」，但生離雖然惆悵，卻有重逢的希望，死別卻只有不可能再見的悲傷。人生的大關節，一種是肉身的生死，一種是經歷的起落或者說禍福的劇變。生已經過去，死卻不知道在哪一刻會來，我們唯一能做的就是在生死之間努力地活著，努力地快樂。只是死亡似乎太遠太虛幻，得失卻是那麼近那麼真實，所以我們沉淪在真實裡計較著、痛苦著。

不敢妄說生命的真相，但我體會到，生命的真相必須知道四五分，接受一二分，才能與自己和解，溫柔地與世界相處。人生有三種不得不認識，不得不接受的三種真相：

第一種真相：無常。

其實，生命只是一場有限對無限的追求經歷，除了暫居於軀殼中的意識，我們既不曾帶來什麼，也無法帶走什麼。生與死的方式雖然不同，卻沒有本質差異，赤條條地來，兩手空空地去。人與人之間唯一的不同，只有經歷與時間的長短罷了。

既然如此，何必把我們短短的一生過得那麼苦不堪言？我們完完全全可以讓自己選擇更加快樂的方式，而不是以折磨自己的方式去活著。

如果年華無法留住，何不盡情地去經歷？

如果不曾帶來也不會帶走，何不讓經歷拋棄枷鎖，享受愉快？

第二種真相：人生有限。

別讓自己有限的時間裡承載太多的痛苦和憂傷，而來不及快樂和幸福，因為人生真是太短暫了！

大家還記得孫悟空的筋斗雲吧？他一個筋斗，可以翻十萬八千里，夠遠吧？其實你我都會這一招，我來演示一下我的一分鐘裡翻了多少筋斗雲，並且是怎麼翻的吧！

一時有了小便之意，我馬上告訴自己去上廁所——鮑鵬山之人文情懷，真是有儒者的仁心，道者的道心，佛門弟子的慈悲心啊——上回一口氣吃了十對雞翅實在太過分了——這次和男友買衣服居然一點口角也沒有發生——回去怎麼應付父母的催婚呢——當當網真是太可惡了，我訂了老久的《先秦史》、《商周文化史》到現在也沒給我送貨——真討厭接妹妹的電話——其實宇宙奇點論是有很大缺陷的——呃，那啥，人類知識有自己的臨界點……

短短一分鐘裡，從一個念頭，到毫無關聯的另一個念頭飛速跳躍，毫無邏輯、博雜無邊。縱然如此，它依然超越不了我的知識極限，無論我多有想像力，我都無法想像更高維次的生活，正如佛的手掌心是孫悟空不可超越的臨界點一樣，也正如我給母親買了一件僅僅幾百塊錢的衣服卻觸怒了她——我的消費觀觸及了她的知識臨界點，她總覺得自己買幾十塊的衣服已經很好了。

任何人還都要考慮到幾種一直存在的有限性，因為它們構成了我們的現實。

第一個有限性是：肉身是有限條件的肉身。

我們不能選擇出身，不能選擇家庭，不能選擇美醜。我們可能是黃種人，也可能是白種人；可能是美女，也可能是矬男；可能是王子，也可能是灰姑娘。一切的一切，我們都沒得選擇，只能接受。

這也使得我們的覺知能力有限：如果一種對象超越了我們的覺知能力，我們便無法分辨它；如果我們失去了某種覺知能力，便對與之相關的對象不再具有判斷力。即使是神廚，如果失去了味覺，也分辨不了吃到嘴的東西是什麼。即使是音樂天才，如果失去了聽覺，頂多可憑記憶與想像來創造音樂，卻再也無法去判斷他人作品的好與壞。

由此可見，人生的感受和判斷是有限的，也是隨時可能失去的。外界存在與否，如何存在，不在於它們是否真的存在，而在於我們的能力會產生何等感知。

如果我們全然失去對外在的覺知，那麼，我們可能會面對無盡的恐懼，覺知能力的有限性使得我們對未來充滿了焦慮。

第二個有限性是我們必須與全部文明合作，沒有人可以完全脫離文明獨立生活。即使如生存能力超強的魯濱遜那樣的人，也得帶著從文明社會裡學到的智慧和方法，才能在一座孤島上生活下去。個人具有的脆弱性和種種限制，使得獨自一人無法實現目標。假如把一個毫無文明智慧和工具的人扔進大山裡獨自生活，恐怕難以活過一個月。

其實，欲望都是有限的，必然建立在認知範圍內：一個唐朝人絕不會想要個聯想筆電；秦始皇再厲害，也不會想把英國也統一在版圖中；天橋上的殘疾行乞人，地鐵裡的斷肢賣唱者，就算心智正常，大約很難去想玩個什麼《武易傳奇》，因為他們可能根本沒碰過。

上天唯一的公平是，任何境況都有人有能力快樂，任何境況也都會有人感覺痛不欲生。擁有千百億身家的高富帥與行乞為生的殘疾人，就長期的感受來說，恐怕並沒有我們想像中那麼大的差異。別忘記了，我們是感受的奴隸，物質於細碎綿密的感受所起的作用，會隨著時間的流逝而弱化直至消弭。

情欲的另一個偉大之處在於，只要感覺自己不再有多大的安全顧慮和肉體痛苦，它便會讓我們按心靈慣性去快樂悲憂，快樂的人很快又快樂起來，抱怨的人，還是會繼續抱怨。

如此種種的有限性，我們改變不了，只能接受。正如再傾心也得不到的愛人，再努力也無法突破的局限……

但生命的意義，恰好在於我們處處受限。因為受限，我們只能致力於自己不太受限的方面去努力，於是可以享受快樂，於是可以有所成就，這才不枉來人間一場。

楊冪這句話滿好：「凡是得不到的，都是不需要的。」沒錯，我們得不到翅膀，是因為我們不需要飛，我們沒有鰭，是因為我們不需要生活在水裡。更悲慘一些的境界是境遇、智慧與身體自主能力都不如人，即使如此，還有霍金為正向的榜樣。

第三個生命真相是：自利利他互根。

陰陽互根包含了宇宙人生的奧妙。互根的意思是相互依存、相互化生、相互為用，是看似矛盾實則統一的多面體。自利易解，人生在世，不為名來，就為利往，如果對自己沒有好處（包括主動犧牲以求息事寧人），誰會去瞎折騰？但恰是因為自利，產生了市場經濟裡的利他。

比如我有很多穀子，可是想吃馬鈴薯，為了滿足我想吃馬鈴薯的欲望，我只能賣掉一些穀子去買馬鈴薯，這很明顯是一個自利行為，卻滿足了想吃米的人的欲望，產生了利他價值。

比如有個學校的校長請我幫忙寫國學授課課件，我反正也不求什麼報酬，於是加班加點加發揮地弄了，這是一個典型的利他行為。沒料到校方很滿意，竟然覺得我寫的內容只有我自己去講才能講好，於是決定請我授課，結果實現了自利。

由此看來，利他之中有著極大的自利機會；我們必須自利以保全自己，因為最適合照顧我們的人就是自己，除了我們自己，誰能一眼看出別人身體的冷熱痛癢、心靈的苦樂喜傷？

我們也必須利他，因為人類的生存特點決定了我們從小到大，從生到死都依賴於與同伴和社會的合作。不能讓同伴或社會覺得我們是害蟲，所以我們必須用利他之行來證明自己是個妙人，可以合作，可以依賴，甚至需要適當地擺出「請讓我們依賴」的姿態。如若洞穿了生命真相，或許，我們離快樂和幸福就更近了一些。

我們把世界看錯了，反說世界欺騙我們

天空沒有痕跡，但是鳥兒已經飛過。我們把世界看錯了，反說它欺騙我們。我不乞求我的痛苦會停止，但求我的心能夠征服它。

——泰戈爾

這絕不是一本教你成功的書。

羅永浩說，他發現在中國，民營培訓機構打廣告就三個路數：第一派是神奇派，是講自己的培訓方法是神奇、秘笈；第二種叫N天搞定派；第三種叫「不不不」派，不打針、不吃藥、不手術、無痛苦——不用背單詞、不用聽聽力、不用學語法——全世界廣告恐怕都離不了這幾招。這三點，針對的可不就是全人類的劣根性：愚昧、貪婪、懶惰？

我的書不是秘笈，沒有魔法，沒有神奇，也不是二十一天就能改變你命運的寶典，我只想幫你的「三觀」變正常，然後慢慢地接近成功。祝賀你，看到這裡，你已經正常不少了。繼續看下去，你會更正常——我們拭目以待！

羅永浩還有句話說得好，每一個生命來到世間，都注定了改變這個世界。

多年以來的工作歷練，依然未能讓我心境平和。在我面帶笑容溫柔解答一些職場困惑的時候，我心裡其實奔騰著一萬頭草泥馬。教子無方的中國父母加上唯利是圖的教育培養出了一大批眼高手低、欠缺最基本生存能力的可憐大學生，以為拿個大學文憑，就真的學到了什麼本事似的，可以要風得風，要雨得雨。其實他們只是勉強讓身體長到了可以自主行事的成年，他們只是勉強具備了一點兒慢慢去學習社會邏輯，去學習工作知識的最必要的基礎知識而已，就好比我們要學物理，首先要學會一點點兒理解語言的能力，再學會一點點兒數學的計算能力，才能進行物理學習一樣。可惜他們只是勉強能理解點語言，進行點兒基本計算，就天真地以為自己已經把物理學得很好了，應該直接去當物理學家才配得上自己的才華和尊榮。

一個剛畢業的女孩想應聘產品經理，工資要求年薪不低於十萬。我問她，妳知道一種產品從立項可行性申報開始，再到完成生產投入市場的具體流程嗎？她搖搖頭奇怪地說：「這些不該手下的員工做嗎？我適合做管理……」

我又問她：「那如果妳的員工因為產品問題而問妳，妳怎麼辦？」她很生氣：

「這些事情都應該有專門的人去解決，我只要安排他們去做事就好！」我被嗆壞了：「妳要知道，在我們這行，一個沒有工作經驗的人不可能馬上年薪十萬。」她不服氣地說：「我一個大學同學剛畢業就進了一家國企，人家拿得比我還多……再說，北京消費這麼高，我不可能不保障我的基本生活！」我徹底崩潰了，連忙找了個藉口把她打發了出去。

這個女孩讓我想起一個為了一點點兒錢而苦惱要不要去某家公司的男生來。那時候，他已經在同業公司幹過一年了，理論上，就算經驗不豐富，也應該具備了最基本的行業知識。他應聘到這家公司時，感覺公司的待遇並不比以前好，於是心中頗為不甘。他不斷地問工資的結構，具體有哪些福利，工資什麼時間發等問題。當我告訴他說，工作頭三年，不應該過於計較工資的時候，他說了一句話：「我得保障我最基本的生活，妳看，現在這工資，除了房租、交通和吃飯，什麼都剩不下，我總得買點衣服什麼的吧？我總得請朋友吃個飯什麼的吧？這樣的待遇，我連點兒餘地都沒有……」

當時，我雖然不以為然，但只是覺得他的「基本生活保障」要求太高了。我比他從業早兩年，最低的工資是兩百塊餐補——這在首都絕對要自個兒倒貼生活費，而我卻沒有覺得因為基本生活得不到保障，就輕易放棄那個到現在依然令我感恩的工作。可能因為人與人的心態完全不一樣吧！我知道自己什麼都不懂，所以公司給我工作機會，讓我上班時看書學習還給我發錢，實在太幸福了——要知道我上學可得交一大筆學費加生活費。就像那個一開口就要「年薪不低於十萬的基本生活保障」一樣，如果你的「基本生活保障」是開著賓利房車，帶著傾國之色周遊世界，我真的不覺得你的「基本生活保障」是合理的。

但在現在看來，即使「基本生活保障」在合理範圍內，在我們沒有生存能力的時候，其實不配索取「基本生活保障」。是啊，一個月三四千，對「北上廣」這樣的大都市漂泊的人兒來說，租房子只能租偏遠的或條件差的，吃飯只能吃速食或自己做的，買不上好衣服，交不起酒肉朋友，確實只算是勉強活下去的保障，但就算這勉強活下去的保障，你真的配擁有嗎？在你什麼都做不了的時候？

一個沒有生存能力的人能生存下去的唯一原因是有人為之施捨或付出。我們從有生命那刻起，便在仰仗母親的付出，從在胚胎裡完全依賴的存在，到後來出生後終於慢慢有了自理能力，再到我們終於有了可以獨立生活能力的這一漫長過程中，我們依賴的，是母親和家人的付出，依賴的是母親和家人的愛。我們是他們期待來的，所以，我們可以理所當然地享受他們的愛的付出，也理所當然地要承擔享受了付出後的責任。

但在社會中，人與人之間是平等的，沒有誰應該為另一個人付出。我們彼此之間的唯一依賴是相互合作，我以我多餘的，交換我缺少的，你以你多餘的，交換你缺少的。如果你的所缺，恰是我的所餘，你我便可協商一個交易條件，把我們的合作進行下去。而不是一方無條件地付出，另一方無條件地接受，我們的工作關係便是如此。你能一天造一千塊磚，但是你缺少買糧買衣的錢，那麼我們商量好，你每給我造一千磚，我便給你一百塊錢，如是公平交易、童叟無欺。

但在現實生活中，我看到的卻是，一天連五十塊磚都造不了的人，卻拿著三千的工資抱怨生活的艱難！一天連一百塊磚都造不了的人，卻怪三四千塊錢的工資滿足不了基本生活需要！你知道不知道你沒有生存能力，你必須每天都造出一千塊磚，才配得到那一百塊錢？如果有一天取消最低工資標準，我相信，有一部分人的工資會更高，而有一部分人的工資則會更低，他們只能拿著一點兒可憐的薪水在自己的艱難生活中抱怨。

據說，一個人所創造的價值，最少得是他工資的五倍——因為辦公場地、營運成本以及種種其他成本加起來，是其工資的五倍。我們到手的每一千塊錢，都意味著公司要支付五千塊，這還不包括風險成本。假如公司以一千塊錢的價格招了你進來，你卻終日閒聊、上網、打遊戲，大事兒不會幹，小事兒幹不了，時不時給公司找很多事兒，唯一的盼望就是像例假一樣準時的發薪日。占著公司辦公資源，白白浪費著公司成本資金，稍有難度，稍微需要耐心的工作，你不是幹不了，就是不願意幹，還覺得這工作太辛苦，動不動就抱怨自己起得比雞早，吃得比豬糟。

其實，在現代社會中，我們沒有生存能力的時候，可以說是連吃得比豬糟的資格都沒有的，我們唯一可以倚恃的，不過是公司需要浪裡淘沙而帶給我們的嘗試機會。

二八定律不僅適用於商業，也適用於職場：百分之二十的人創造了百分之八十的利潤，而另外百分之八十的人，基本都是常規品加賠錢貨。在我們沒有經驗和能力的時候，我們其實是職場賠錢貨，常常跑到一家公司玩個三、五個月，占了人家場地，用了人家資源，浪費了人家的時間後，卻以一副公司虧待了自己的樣子離開……在我看來，一個沒有生存能力，卻動不動就要什麼最低生存保障的人與劫匪無異。面對劫匪，雖然我們心有不甘，卻不得不根據劫匪的要求白白地把錢交出去。我們知道雇主必須屈服於用人選擇，知道他們需要沙裡淘金地發現人才，所以我們努力讓自己成為他們要淘的金子……

出了地鐵走向辦公室的時候，常常看見一幫年輕人，頂著風寒酷暑一張張地發傳單。我知道，他們站半天，大約可以掙得五十到一百元，不算多，卻也絕不少，甚至在絕對價值上只多不少。但我知道，這份報酬於他們來說是微薄的，是讓他們不甘心的，但是能力和自身所有的資源決定了他們只能勉為其難地幹著一份要遭遇冷漠的工作。

其實，公司與員工之間，一直是一種純心理而不是事實上的對等合作。新來的員工無論有沒有創造出價值，甚至不僅沒有創造出價值還拖累著工作最基本的進度，只要到了發薪日，公司就得發工資，也正是由於這種原因，很多人能在公司得過且過。或許他們太麻木，只關心自己的利益，而不關心自己是不是配擁有這樣一份報酬；或許他們太無能，又不得不苟活於世，所以總是背負著自己無力兌現的承諾混日子。

很多年輕人都不知道，公司支付給自己的每一份投資，都是因為相信自己對公司未來收益增值的承諾。他們也不知道，對工作一無所知的自己，在公司會浪費極多的培訓成本。記得看《壽司之神》時，其中一個員工，足足練習了四個月，才終於學會了一種技能。也就是說，這家壽司店，在他進入四個月後，才終於可以用他的技能賺錢了。有時，我心中只要有點思考，就會相信：只要公司運轉正常，無論我能力如何，無論我表現得多不好，公司都沒有對我背信棄義過。雖然說公司不是慈善機構，但公司依然在很大程度上給了我們一定程度的慈悲，在我本來沒有生存能力，不配要求基本生活保障時，依然會保障我的基本生活，儘管可能只是基礎的。

所以我們一定要明白，在自己沒得選擇的時候，別人任何一次選擇你，都是有著他人愛心的機會，雖然抱的可能只是試試看的目的。在我們沒得選擇的時候，請先抓住機會提升能力。古語說「德配其位」，這裡所說的德即是我們的能力。當我們自己終於有了足夠的生存能力，不再是職場賠錢貨時，我們會發現，自己再也不用糾結於自己的工資能否保障基本生活了。學會容納世界，改變自己吧！當我們愛這個世界時，就會發現自己生存的這個世界如此可愛，如此值得留戀。就像泰戈爾詩裡說的那樣：

> 天空沒有痕跡，但是鳥兒已經飛過。
>
> 我們把世界看錯了，反說它欺騙我們。
>
> 我不乞求我的痛苦會停止，但求我的心能夠征服它。

我看過一個ＢＢＣ的紀錄片，說有的魚為什麼能生活在深水裡，人為什麼能生活在強大的氣壓裡時，講到了壓強正比。人在深水裡無法活下去，這不僅僅是缺少氧氣，主要是壓力，到了一定深度，人的血肉之軀會被壓死，因為我們內部沒有與之平衡的對外壓。

大氣的壓力其實很驚人，但人之所以自在地活在其中沒有受傷，是因為我們內部的氣壓達到了平衡。我們要快樂地活下去，至少要有一套有效的解壓法，不然我們會永遠痛苦、永遠受傷。人生有多殘酷，我們就要有多堅強，如此，才不枉我們深情地活一場。

走過風雨的人生，讓生命還原它的輝煌

自由並不在那些想把自己變成不同的人身上，也不存在於做你碰巧想做的事，更不是跟隨傳統、父母或上師，而是在每一個剎那了解你自己是什麼。

——克里希那穆提

落拓的勵志「大師」慕顏歌消失了，很多天以後，我再遇見她時，發現自信和快樂重新回到了她的臉上，看來又有力氣去給別人打氣了。我問她去了哪兒，她說：妳又不是不了解，我找我師父維摩詰去了。

我知道維老師可是一代辯才無礙的佛學大菩薩，也好奇地想知道她到底遇上了什麼問題，於是問道：「妳找妳師父幹嘛了呢？」

她答道：「我請教了一個關於賺錢的問題。」

我頗為意外，從來視金錢如糞土的她怎麼也會關心賺錢的問題呢？於是又忍不住問道：「好奇怪啊，妳不是一直都很清高嗎？」

她道：「誰說的？那是裝的！我和你們一樣趨炎附勢，好色又拜金。」

她倒是誠實，我也很關心賺錢的問題，急切地問：「那妳師父有沒有教妳怎麼賺更多的錢啊？」

她道：「教了。」

我：「什麼方法？好用嗎？」

她：「教是教了，教會我想通了後去努力而已。所以從現在起我要努力到死！」

改變這麼大？我很疑惑，能讓這麼懶的人下這樣的決心，老維摩詰究竟告訴了她什麼呢？我好奇心向來很強，於是又問：「教什麼啊？說來聽聽。我也願意想通，願意努力，改變自己的隨意性。」

她道：「師父就給我講了一個故事。」

我：「什麼故事？」

她：「師父說，從前有四個種族的人，一族男人叫貪婪，一族女人叫利益，一族神人叫能力，一族仙人叫資源。貪婪族的人很喜歡利益族，一看見利益就撲上去，但是利益族的人很不喜歡貪婪族的人，所以貪婪族的人總是撲空，很難娶到自己心儀的女子。貪婪族的人以為娶不到媳婦是自己族人太多導致的，於是互相殘殺。

「有一天，一個被追殺到絕境的貪婪人無意間被一個能力族的神救了下來，為了報答救命之恩，他希望做神的僕人，神卻只同意他養傷，養好傷後就必須離開，因為能力神的族群容不下貪婪族的人類。

「在養傷期間，他發現，那些利益族的美麗女子非常鍾愛能力族的神和資源族的仙，只要神和仙一出現，利益族的女子就會蜂擁而來，主動委身求愛。他還發現，如果神和仙組成集團的話，就會得到更多利益族的女子……」

我忽然也明白了，維摩詰告訴了我們一個道理：利害計較雖然是生存本能，但利益永遠是追隨者而不是領跑者，它永遠都只會跟在能力和資源的後面，如果能力與資源結合，那麼，利益就會主動追過來。

這個很有意思的故事，讓我想起一個一直百思不得其解的問題：很多大學生為什麼一畢業就想得到一個錢多、活兒少、地位高的工作？藉口經常都是「我得有基本的生活保障」「家裡為我花了那麼多錢，我應該回報了……」「我同學一畢業就進了大企業做老總……」等等奇怪理由，實在令我感覺匪夷所思。

人的社會屬性決定了我們靠彼此合作來滿足自己需要依賴於外界的欲望，人與人生而平等，彼此之間誰也不欠別人的，聯繫人們的大多是價值交換，只有我們先給出了價值，才有可能得到與之相等的回報。

憑什麼在我們什麼價值都沒有提供的情況下，要求別人給出自己期望的基本生活保障？更別說很多人對基本生活保障的要求是不是合理的了。有的人一個月的保障要兩三千，有的卻想兩三萬，這種非理性心理真是讓人費解啊！

為什麼我們中的絕大多數人總是用一副世界欠了我的嘴臉在活著？別人一畢業就進了大企業做高級主管，你心理不平衡和公司無關啊！除了怪出身不好徒然增加痛苦之外，我們真的就只懂得一味計較一時的利害嗎？

但是後來我想通了，這完全是我們的依附型人格導致的。

人格的形成，依賴個體的天賦和環境兩方面條件，任何條件的變數都會影響我們的人格形成。由於我們初來時幾乎完全依賴外境，所以外境的任何條件變數都會影響我們自身的天性。

人生有四境：絕境、困境、成長境與心境。

絕境是我們無法左右的，生命或事件到了這個地步，怎麼努力都是滅絕，都是失敗。

困境則是我們可以努力突破的，只要生命體足夠堅強，足夠有智慧，總還是能走出來。

成長境就是各種幫助我們延續生命、獲得智慧的條件，比如食物、書本等。心境是什麼呢？是我們的意識環境，也就是意識境界，即內心堅忍的程度與個人智慧等各種內在品質條件，這完全取決於天性與後天習得的教育。

絕境是我們每個人都必然會面對但不知何時會面對的環境，天災、人禍、疾病等，都有可能成為我們的絕境條件。同時，絕境又有各種程度的不同，一是導致生命滅亡的大絕境，二是各種因意圖成功而不斷努力的事件而功敗垂成的小絕境。

但是，大絕境反正沒法控制，索性也不必在乎了——人生要是也這麼瀟脫就好了。

讓我們掙扎在情緒困擾中的，是對小絕境的患失和對即將有可能面對的小絕境的患得。各種小絕境的聚合，可能形成大絕境。

困境是我們人類每天都要面對的問題，唯有程度深淺的不同罷了，只要我們足夠努力，便可以克服。一次搬不走一百斤的東西，我們可以分五次搬，只要有方法，終歸能夠解決。困境會向哪個方向發展——是成為小絕境，或是成為成長境——完全取決於我們的意境了。

內心堅忍強大而又有智慧的人，總是能把困境轉變成成長境，而多個成長境的聚合，很可能成就非凡的功業。

內心脆弱也沒有什麼智慧的人，會把每一個困境都變成程度不一的小絕境，如果這個人一直沒有學會把困境變為成長境的話，多個小絕境的聚合，便會構成生命大絕境——這就是為什麼一些人會因在我們看起來微不足道的理由自殺。

成長條件中的任何變數都會影響種子最終的結果，而父親或母親（也包括充當母親的監護人）是孩子與世界接觸的第一環境元素，並且是最主要的環境元素。如果母親人格不健全，孩子的成長境便不可能健全，再加上家庭不和、社會風氣不良等各種負面條件，就形成了一個異常變態的成長境。成長境都不健康，孩子怎麼可能會健康？就像吃了毒米，孩子不中毒才怪！

即使外在環境不大好，但若母親有著健康的人格，孩子優秀的可能性也會大為提高。畢竟，就人格傷害來說，在大多數時候，外境所加的傷害是輕傷，而父母所加的是重傷，甚至是致命傷。一個人在三十歲以前的人格，基本是異化程度不同的父母人格的複製品。

孩子得不到正常的愛，通常又有兩種情況：一是因為各種原因不能陪伴孩子，二是因為母親本人人格不健全。沒有最基本的做人智慧，她們教育出來的孩子基本上也有各種問題。

不是每一個女性都會成為母親，但每一個母親首先必須是女性。母親身心的雙重品質又取決於身體的健康品質、個人的人格完整度、與父親的感情、在家族中的地位以及社會對女性群體的認可等。一般來說，一個女性初為母親時，基本都是二十多歲，這時候，她的人格在很大程度上是其父母的複製品，雖然社會經歷和學校教育能在一定程度上影響她的人格形成，但她最主要的「三觀」是從母親、父親和家庭中習得的。

而一個家庭，往往也是社會的縮影。在一個男尊女卑的社會裡，一個對女性不太尊重的社會，也偶然會出現尊重女性的家庭。但即使有這種情況出現，那也僅僅是對女性好些、關愛些，而不是這個家的家族成員都能承認女性的獨立性，尊重她們的自然價值。

歷代中華集權王朝，把女性的個人價值綁架在了男人的施捨上。女人是沒有獨立性的，所謂三從四德，即「婚前從父，婚後從夫，夫死從子」便是這一說明，成長階段依附於父母家庭的女孩子，做為「遲早成為別人的人」對待。她的終極命運是走向一個婆家，從此，人生幸福的可能性，便完完全全地被婆家的人品與丈夫的愛戀程度控制了。婆家家庭遵行的宗法，決定了她為妻或為妾時必須要完成的生養與持家任務，也決定了她是不是必須接受夫君的多偶需求，也就是「賢慧」地在「多子多福」的藉口下支持夫君娶上幾房姨太太。

同時，封建社會歷代暴力革命的作用，不是推進社會進步，而是使社會重新回到一個起點。每一次改朝換代，不過是帝王輪流坐莊，且其專制程度比前朝有過之而無不及，從漢代大臣可以與皇帝一起坐而論道，到清代大臣一見皇帝就得下跪，我們的民族人格就這樣一代代地矮了下去。

如果民族沒有人格獨立的意識，無論發生多少次革命，其結果不過是打碎的鎖鏈被重新拼接在一起，讓整個過去更加惡劣地再現。

如果民族沒有人格獨立的意識，其政府的官僚集團就不會考慮民生而只會考慮自身利益。每一個野心勃勃的奮鬥者，為的都不是治國平天下而是占有權力後的利益攫取。

一個民族人格不獨立的國家，它的權力必然決定了利益。想想挺悲哀的，不記得誰說過：「一個得勢者才能有錢的制度，還比不上一個有錢者才能得勢的制度。」

一個人格不獨立的民族的國家，它的一切制度都只會向權力集中，無論是道德、法律、風俗、社會資源、財富，還是教育制度。在一個任何利益都只向權力集中的社會裡，不掌權的人就只是勞動力或性資源，「普天之下莫非王土，率土之濱莫非王臣」。我想說，秦帝國以後，中國人全民集體被養成依附性人格，且被當作了帝王的私產，再也沒有站起來過。

與之匹配的，是人生而不平等的尊卑思想和各種思想箝制。即使中國古代有出色的科舉制度，可以在社會各階層尤其是中上層之間進行合理化的資源配置，但考試條件卻是死板僵硬的限制，官方指定的教科書。例如朱熹的《四書章句集注》，成為唯一的思想，唯一的法則。所以想博取功名的人只需要死記硬背；而不喜歡死記硬背或者有一點不同見解的人，注定會排斥在錄取名單之外，成為社會的棄兒。

如何適應社會，如何為保護自己而必須從事鬥爭，如何保持堅強意志……學校一樣也沒有教。這使得我們的年輕人適應能力差，缺乏忍耐或堅強，一走入社會，進入其他的活動領域，就開始遭遇一系列的痛苦與挫折，由此給他造成的創痛久久不能痊癒，有時甚至失去生活能力，就像理科狀元可以流落在街頭，學校的幻想與美夢，在嚴酷的現實面前徹底地破滅了，強烈的失望感，是一個心理素質不完備的青年人難以承受的。

如上種種，造出了很多人敏感而僵硬的心以及脆弱的意志，冷漠、怯懦、消極、缺乏責任感，雖然時常能感覺到社會殘酷和人生艱難，卻常常一籌莫展……骨子裡的劣根性不能成為我們放任自己的藉口，要知道昨日已遠，而今日又是嶄新的一天，人生固然殘酷，但我們可以選擇堅強，選擇努力和獨立。

雖然出身不同導致了一些先天的資源失衡，使得很多人並不能一開始就占據優勢，但總的來講，人與人之間的個人能力並無多麼重大的先天差別，很多人的天賦資質都在平均值內，如果我們努力修正自己的認知力，改變自己思想的種種弊端，為使自己的能力成為一種資源而奮鬥，即使不可能取得最大的成就，也能極大地改變自己的命運。

後記——

唯有真誠與愛可堪永恆

誰都知道狼的兇殘和機警，也知道牠們對羊羔似乎有著特殊的「偏愛」。但動物學家在北美馴出了一種不吃羊的狼，即使把小羊羔放在牠們的嘴巴底下，牠們也會遠遠地避開。難道是狼愛上羊了嗎？其實，這只是動物學家的「小把戲」：北美的郊狼體型雖然小，卻是當地牧場的大患。為了減少損失，動物學家給北美郊狼開了一份特殊「功能表」：在羊肉中摻進氯化鋰。北美郊狼吃了這種含有氯化鋰的羊肉，在短時期內會出現消化不良及肚子脹痛等狀況，幾次實驗後，北美郊狼就明顯地表現出了對這些肉的厭惡感。這樣經過多次實驗，牠們對羊肉失去了興趣，也就不再掠食羊羔了。有趣的是，母狼吃什麼樣的食物，牠的奶就會有什麼樣的味道。這樣，母狼不吃羊羔的特性會很快地傳給它的幼仔，並且母狼不給牠的幼仔吃自己已經迴避的食物——羊羔，那麼，幼狼也絕對不會去吃這些羊羔。

人的一生經歷非常複雜，每一個條件變數都有可能是導致我們的習性改變的氯化鋰，特殊的經歷造就特殊的自己，所以只有自己才能真正了解自己。我們沒有經歷別人的人生，所以我們不可能完全懂得別人。我想以這個例子來證明生而孤獨是必然的，雖然在邏輯上也說得過去，但實際上，用這個例子來證明孤獨的必然性實在不太恰當，它更適合證明我的另一個觀點：沒有什麼是不可以改變的，只看因緣能否際會，條件能否成立罷了。

我的文字，展現的是一個自我反省療癒心靈創傷的過程，並且自我感覺相當有用，所以希望喜歡我文字的人們也能有所收穫。我堅信一條真理：全知全能或者說知其然的辦法於很多人來說不一定有用。如果你是個很計較的人，知其然的辦法會說：你要放下，要隨喜，要隨時保持正見……但實際上好像沒多大用處，即使你理解這些方法。就像是我深愛一個人又不能和他在一起時，我明知道自己要放下痛苦，但我肯定做不到。比如我前兩天劃傷了手，很痛，要我放下痛苦，我就能把痛苦放下不痛了嗎？不能僅僅用一個「心裡想著什麼才會有什麼感受」來打發我們可憐的小心靈。肉體觸景會使內在產生一系列生化反應，每一個反應都可能導致一種讓我們為之痛苦或憂傷的沉澱，這些與我們的身體形成了一個完整不可分裂的整體，一個不是可以隨時與自己分離的外在，怎麼能說放下就放下，說捨棄就捨棄了呢？

比如「心靜自然涼」這類的大道理就很禁不起論證：我把你放在火爐裡燒著，看你如何心靜自然涼去！脫離了對事物「成住壞滅」的條件變數的全面考量，而孤立、片面地空論大道理，是一件非常不可靠的事。

一個人只有完全明白問題產生的根源，洞察並做好準備迎接最深遠的結果後，才有可能真正去努力學著放下——這便是所以然。所以，凡是不告訴我所以然的然，我會感覺很假很虛偽，如今唯有真相與真理才能感動我。

我會努力用最真誠的文字，與大家分享我的生命體驗，在本書的寫作中，我儘量避免用小白文邏輯，避免用常規邏輯去寫一本格言和警句滿篇飛的話，那樣我會感覺自己欠缺誠意。而我只想表達真誠。作品沒了真誠，絕無傳世價值。而我堅信，我寫的東西，多年以後，依然有人可以從中獲得一點有益的參考；如果大家確實感覺到有所啟發，那真是意料之外的歡喜了。

國家圖書館出版品預行編目資料

人生有多殘酷,你就該有多堅強：28則教你不隱忍、不迷惘,正面迎擊人生的處世指南 / 慕顏歌著. -- 初版. -- 臺北市：平安文化, 2017.11
面； 公分. -- (平安叢書；第573種)(Upward；76)
ISBN 978-986-95069-8-4(平裝)

1.自我實現 2.生活指導

177.2　　106017504

平安叢書第0573種
UPWARD 076

人生有多殘酷，你就該有多堅強

28則教你不隱忍、不迷惘，正面迎擊人生的處世指南

作　　者—慕顏歌
發 行 人—平雲
出版發行—平安文化有限公司
台北市敦化北路120巷50號
電話◎02-27168888
郵撥帳號◎18420815號
皇冠出版社(香港)有限公司
香港上環文咸東街50號寶恒商業中心
23樓2301-3室
電話◎2529-1778　傳真◎2527-0904
總 編 輯—龔橞甄
責任編輯—陳怡蓁
美術設計—王瓊瑤
著作完成日期—2014年
初版一刷日期—2017年11月
初版二刷日期—2018年1月
法律顧問—王惠光律師

讀者服務傳真專線◎02-27150507
電腦編號◎425076
ISBN◎978-986-95069-8-4
Printed in Taiwan
本書定價◎新台幣280元/港幣93元